MÉMOIRES

DE LA

SOCIÉTÉ DE LINGUISTIQUE

DE PARIS

MÉMOIRES
DE LA
SOCIÉTÉ DE LINGUISTIQUE
DE PARIS

NOUVELLE SÉRIE

TOME VII

LEXIQUE

LEXICOLOGIE

LECICOGRAPHIE

Ouvrage publié avec le concours du Fonds Antonie Meillet (Collège de France)

PEETERS

1999

AVANT-PROPOS

Le bureau de la Société de Linguistique de Paris a choisi comme thème de sa journée d'études annuelle du 24 janvier 1998: «Lexique-lexicologie-lexicographie». Passer de l'étude de la sémantique lexicale et du lexique à la confection de lexiques et dictionnaires confronte le linguiste à des problèmes non plus seulement théoriques, mais techniques; non seulement il faut définir scientifiquement son objet — qu'est-ce qui définit le lexical? où passe la frontière entre lexique et grammaire? par exemple —, mais on doit résoudre des questions techniques — comment constituer un corpus? comment lemmatiser? —, et il faut encore prendre en compte l'utilisation et l'utilisateur: que cherche-t-on? comment cherche-t-on?

Le premier problème est de définir la nature et les limites mêmes de l'objet traité par un dictionnaire, ce qui implique de cerner au préalable les «Propriétés générales des unités lexicales» pour reprendre le titre de la première des contributions de ce recueil, celle de Pierre LERAT. L'objet de la lexicologie est le mot; or, le mot peut être abordé selon trois angles qu'il faut surtout bien distinguer: comme signe linguistique «unité de compte morphologique et syntaxique», comme vocable «unité de compte discursive» et comme dénomination «unité de compte conceptuelle»; ces distinctions permettent d'aborder de façon claire de vieux problèmes comme celui des rapports entre sens et référence, celui de la différence entre dictionnaire de langue et dictionnaire encyclopédique, etc. P. Lerat passe ensuite en revue sept critères possibles de lexicalité: appartenance à une partie du discours (propre au mot mais aussi au syntagme), aptitude à constituer une référence actuelle (caractéristique des «indexicaux», des noms propres et de ce que P. Lerat propose d'appeler des «descriptions définies dégénérées» plutôt que des «noms propres dégénérés», Searle), aptitude à la référence virtuelle, aptitude à une standardisation conceptuelle (possibilité de devenir un «vocable de professionnel»), la compositionalité, la définissabilité, la figurabilité (au moyen d'images).

La seconde contribution, de Gaston GROSS, «Etude lexicale des locutions conjonctives», concerne encore la délimitation de l'objet du lexique, en l'occurrence la frontière entre lexique et grammaire, en prenant l'exemple des locutions conjonctives (et prépositives) du français; leur figement est tout à fait relatif; une étude lexicale, menée dans le cadre d'une conception étendue de la prédication (modèle harrissien), permet non seulement de proposer un classement des noms qui y figurent (locatifs vs d'opérations de l'esprit vs de sentiments, dans le cas des locutions conjonctives et prépositives de but prises en exemple), mais de prédire leurs collocations possibles (c'est-à-dire leur comportement syntaxique lui-même).

Un des buts de cette journée sur le lexique était de montrer le lien entre problèmes théoriques généraux de sémantique lexicale et de lexicologie et problèmes pratiques de lexicographie. Le problème de la frontière entre lexique et grammaire se pose de façon tout à fait concrète quand on passe à la confection de dictionnaires, particulièrement quand il s'agit de dictionnaires bilingues et de langues appartenant à des types différents de ceux du français ou de l'anglais, dans la mesure où ce qui relève du lexique dans une langue peut très bien relever de la grammaire dans l'autre. Jean PERROT aborde ces questions dans sa contribution «A propos du dictionnaire hongrois-français: la distinction lexique-grammaire dans un dictionnaire». Selon que telle marque grammaticale est un mot ou un affixe dans une des deux langues (préposition vs marque de cas, marque de Temps-Aspect-Mode vs auxiliaire, «pronom personnel» et «adjectif possessif» vs suffixe personnel, etc.), elle apparaîtra ou non dans le dictionnaire et il en résultera d'importantes dissymétries entre partie langue A langue B et partie langue B langue A du dictionnaire. Dans le cas particulier du hongrois, l'existence de suffixes de syntagme a donné lieu à de curieux et discutables choix de la part des lexicographes antérieurs. Faut-il lemmatiser les préverbes séparément ou seulement les verbes avec leur préverbes, etc.?

Les deux contributions suivantes sont encore plus techniques, l'une traitant des apports de l'informatique, l'autre d'une question qui pourrait paraître simple sinon dépassée et qui prête en fait à controverse: celle de l'ordre alphabétique à adopter quand on élabore le dictionnaire d'une langue sans tradition écrite.

Robert MARTIN, dans «Perspectives en lexicographie informatisée», passe en revue les apports considérables de l'informatique non seulement dans l'élaboration (recueil des données, cohérence de leur traitement, etc.) d'un dictionnaire — en l'occurrence le Dictionnaire du moyen français en préparation à l'InaLF —, mais dans ses possibilités d'utilisation (renvoi, recherche, etc.). Un dictionnaire n'est pas seulement le reflet d'une étude scientifique du lexique mais un objet technique — et, éventuellement, commercial — qui suppose une utilisation et un utilisateur.

C'est bien encore de cela qu'il s'agit dans la contribution d'Henry TOURNEUX «L'ordre alphabétique dans les dictionnaires de langues africaines». Quand on publie un dictionnaire d'une langue sans tradition écrite, la tentation peut être forte pour un linguiste d'adopter une attitude que j'appellerais «(re)fondatrice» et de suivre les suggestions de la phonologie et de la phonétique: les voyelles d'abord, les consonnes ensuite, chacune classée par lieu et mode d'articulation, quantité, aperture, etc. — cf. l'ordre alphabétique de la *devanāgarī* pour le sanskrit; mais un dictionnaire est un outil destiné à un utilisateur placé dans des conditions d'utilisation. H. Tourneux prend clairement parti: pour l'adoption de l'ordre de l'alphabet latin; les autres ordres deviennent vite excessivement complexes, ils supposent qu'on «entende» alors que la recherche dans un dictionnaire est visuelle, ils sont trop dépendants de la description phonologique adoptée, ils compliquent le passage d'une langue à l'autre même entre langues étroitement apparentées, la moindre différence de système phonologique pouvant avoir les plus grandes conséquences sur l'ordre des lemmes; enfin, dans la situation actuelle, les utilisateurs potentiels, locuteurs natifs ou non, ont tous eu d'abord accès aux dictionnaires par le biais d'autres langues où l'ordre alphabétique est celui de l'alphabet latin.

Dans la dernière contribution, Christiane SEYDOU présente son «Dictionnaire des racines verbales en peul trilingue (peul-français-anglais) et pluridialectal». Toutes les contributions précédentes prenaient, explicitement (P. Lerat) ou non, le mot comme étant l'objet traité par le lexicographe; seul J. Perrot soulevait le problème du sort à réserver à certaines marques suffixales, ainsi qu'aux préverbes, dans une langue comme le hongrois. C'est oublier que les choix ont pu être différents dans les traditions lexicographiques de langues aussi éloignées que le sanskrit et l'arabe. Autre problème posé par la lexicographie de bien des langues, sinon de toutes, qui est trop souvent éludé ou traité sans aucune explicitation: celui de la variation. A partir d'un certain degré de régularité des phénomènes morphologiques (entre autres, dans la dérivation), un dictionnaire de racines, bases, etc., peut être préférable à un dictionnaire de mots; à partir d'un certain degré de variation (et d'égalité de statut entre variantes), un dictionnaire pluridialectal, ou diastratique, etc., devient nécessaire. Dans le cas présent, la dimension pluridialectale elle-même impose un classement par racine/base, seul lieu permettant d'assurer l'uniformisation minimale nécessaire à la lemmatisation.

Alain LEMARÉCHAL
Université Marc Bloch de Strasbourg

PROPRIÉTÉS GÉNÉRALES DES UNITÉS LEXICALES

Résumé

Les unités lexicales peuvent être étudiées comme vocables de discours, comme signes linguistiques ou comme dénominations.

Tout vocable est analysable comme partie du discours, par exemple par un ordinateur. La référence actuelle est limitée aux indexicaux, aux noms propres et aux descriptions définies dégénérées. La référence virtuelle renvoie à des connaissances compatibles avec l'univers du discours et véhiculées par des noms, des verbes et des adjectifs.

La compositionnalité est la propriété des signes linguistiques qui ne sont pas figés.

Toute dénomination (nom, verbe, adjectif) renvoie à des connaissances encyclopédiques. Elle est donc définissable. Dernière propriété, la figurabilité au moyen de représentations iconiques est limitée à des noms propres saillants et à des noms communs prototypiques.

Abstract

Lexical units can be studied as words in discourse, linguistic signs or denominations.

Every discourse word can be analysed as a part of speech, for example by a computer. Actual reference is restricted to indexical words, proper names and degenerate definite descriptions. Virtual reference refers to knowledge compatible with the universe of discourse and which is conveyed by nouns, verbs and adjectives. Finally, the fourth property, normalizability, is characteristic only of terminological units.

Compositionality is a property of the linguistic signs which are not set expressions. Every denomination (noun, verb, adjective) refers to encyclopaedic knowledge. Therefore it is definable. The last property, the possibility of iconic representations, is limited to salient proper names and prototypical common nouns.

1. Introduction

Les travaux sur le lexique ne sont cohérents que dans la mesure où ils reposent sur une conception claire de leur objet, le mot. La lexicologie reste un projet confus si l'on ne prend pas la peine de distinguer ce qui revient au signe linguistique comme unité de compte morphologique et syntaxique, au vocable comme unité de compte discursive et à la dénomination comme unité de compte conceptuelle. La qualité de la tradition lexicographique française tient plus ou moins à sa capacité à traiter méthodiquement de signes linguistiques pour la sélection des entrées, de dénominations dans le traitement des acceptions et de vocables dans les citations. De même, la productivité des lexiques-grammaires dans le traitement automatique des langues résulte en bonne part de l'exclusion des deux derniers points de vue; ou encore, l'intérêt de la morphologie lexicale à la lilloise résulte pour une bonne part d'une division claire entre le «sens prédictible», qui est un sens de signe, et le «sens attesté», qui est un sens de dénomination. Quant à la terminologie, à mon avis elle n'a de pertinence linguistique que comme étude des dénominations spécialisées et de leurs emplois.

Du fait de la pluralité nécessaire des approches, il ne saurait être question de déboucher sur une échelle de lexicalité, qui irait par exemple de la préposition au nom propre. Bien plus, les exemples analysés, délibérément limités au français, se ressentent des particularités typologiques de cette langue. Ma visée est pourtant de linguistique générale, car la pertinence des sept propriétés considérées ici comme lexicales et abordées selon tel ou tel des trois points de vue devrait être sujette à évaluation à propos d'autres langues, si les analyses sont correctes.

2. Trois statuts du mot dans les travaux des linguistes

Les exemples de signes linguistiques choisis dans le *Cours de linguistique générale* sont surtout des mots radicaux et des mots construits analysables comme des «groupements intégrés de morphèmes», selon la définition élégante de Rastier (1991:248). Saussure voit dans le mot un signe à double face tel que la face signifiée n'ait de sens que virtuel, dépourvu de toute positivité. Dès son début, au contraire, l'analyse sémique a opéré sur des concepts, non sur des signifiés saussuriens; le binarisme a pu créer l'illusion de la négativité, mais il s'agit seulement d'une variante de la méthode des champs sémantiques pour rendre compte de la quasi-synonymie et de la polysémie. L'extension plus récente de la méthode de l'analyse sémique au texte éloigne encore plus des considérations saussuriennes de valeur et de motivation relative qui trouvent leur pertinence dans la prise en compte d'un contenu distinctif, le signifié, non dans celle d'un contenu descriptif, le concept. Si l'on veut aborder techniquement le signifié, par exemple de «siège», il faut le distinguer clairement des connaissances encyclopédiques que l'on peut avoir sur les sièges. Le signifié chez Saussure est global, comme le signe, il est valeur, il ne s'analyse pas mais sert à analyser le sens des signes motivés et à rendre compte des affinités associatives et syntagmatiques entre signes. Ainsi, c'est à juste titre que les dictionnaires du français distinguent couramment quatre mots *fraise*. Le nom du fruit est associable intuitivement à d'autres noms de fruits, il motive morphologiquement les dérivés *fraisier*, *fraiseraie* et *fraisière*, il est combinable typiquement avec l'expression prédicative générique *manger* et ses hyponymes. Le nom de la membrane intestinale de certains mammifères est associable, chez qui en a l'expérience, à *veau* et à *agneau*, il est combinable lui aussi avec *manger*. Le nom de la collerette est culturellement associé à *vêtement*, à *Renaissance* etc., il est combinable typiquement avec *porter*. Enfin, le nom de l'outil est associable à *usine*, *dentiste* etc., il motive morphologiquement *fraiser*, *fraiseur*, *fraiseuse* et *fraisage*, il est combinable typiquement avec *utiliser*.

La tradition des travaux sur les vocables est très ancienne, puisqu'elle commence avec les gloses. Le vocable ne devient toutefois explicitement unité de compte par rapport au texte qu'avec la lexicométrie, puis l'ingénierie des langues. En fait, le développement des recherches en matière de traitement automatique des langues, qui est à l'origine des analyseurs morphologiques et des lemmatiseurs, exige, pour être productif, que l'on ne confonde pas chaîne de caractères, entrée de dictionnaire et unité de contenu de connaissances. Ainsi, la séquence *assurance en vertu*, repérée 8 fois dans le *Code des assurances* par le logiciel LEXTER (voir Bourigault 1994), est une chaîne de caractères récurrente qui comporte à la fois un vocable nominal et un début de syntagme prépositionnel; d'un autre point de vue c'est l'enchaînement de trois signes linguistiques; enfin, *assurance* est une dénomination dont le contenu est normalisé par la profession et sanctionné par le Législateur, c'est donc typiquement un terme au sens de la terminologie. Ces distinctions sont indispensables pour aborder dans la clarté les questions d'emprunts et de néologismes.

Un exemple d'emprunt me permettra d'illustrer les trois statuts distingués plus haut.

(1) *«snob»* (comme xénisme) / *être snob; parisien et snob* / *snobisme, snober, snobinette, snobinard*

Dans un premier temps, le mot étranger est un vocable qui résiste au traducteur, il peut néanmoins fonctionner comme partie du discours dans la traduction en français, puis comme dénomination d'un concept nouveau dans la culture des francophones, enfin comme signe linguistique à partir duquel la dérivation est possible.

Les dénominations ne sont étudiées en tant que telles par les linguistes que depuis les travaux de Benveniste, de Milner et de Kleiber sur la référence, domaine propre à la philosophie du langage jusqu'à ce que la notion de «référence virtuelle», en particulier, apporte un point de vue linguistique sur les mots et leurs pendants conceptuels. La définition des mots polysémiques, celle des termes spécialisés, celle des composés également, impose de traiter le sens des mots pour ce qu'il est, c'est à dire un contenu de connaissances encyclopédiques attaché à telle unité lexicale. En français comme en anglais, la métaphore du haut et du bas s'applique aussi bien à une «vue de l'esprit» qu'à un objet naturel (voir G. Lakoff 1987, p. 19), mais une remarque anthropologiquement pertinente ne saurait rendre compte d'un fait linguistique arbitraire au sens saussurien: si l'anglais utilise *foot of list*, en français l'on dit *bas de liste*.

J'espère avoir montré suffisamment la nécessité de traiter diversement d'entités morphologiques constitutives du système d'une langue, de données empiriques catégorisables de façon morpho-syntaxique dans le discours oral ou écrit et de dénominations lexicales de connaissances non linguistiques, car j'ai besoin de tenir pour acquises ces distinctions avant d'aller plus loin.

3. Sept critères de la lexicalité

Comme vocable, tout mot relève d'une partie du discours. Cette première propriété, qui vaut pour toutes les sortes de mots et qui est distinctive par rapport au morphème mais non par rapport au syntagme, ne sera pas développée ici, puisque son bien-fondé est établi empiriquement par la qualité des résultats obtenus dans le traitement automatique des langues. Le tout est d'avoir une description systématique et sans restes, ce qui est possible pour le français.

Une deuxième propriété, moins largement partagée, est l'aptitude à une référence actuelle au sens de Milner. Elle ne servira guère, ici, qu'à introduire un concept résultant d'une lecture critique de Searle, celui de description définie dégénérée.

La référence virtuelle, si elle est comprise comme le renvoi normal d'un mot au contenu intensionnel d'un concept, ne saurait se confondre avec un simple signifié systémique. C'est cette différence qui sera soulignée à propos de cette propriété reconnue surtout aux noms, aux verbes et aux adjectifs.

La quatrième propriété, qui est l'aptitude à une standardisation conceptuelle, est aussi à prendre en compte dans le cadre des usages du mot, considéré à titre de vocable. Le terme est un vocable de professionnel. Sa validation est à base d'enquêtes: elle fait appel à l'avis de «groupes professionnels spécialisés» (Benveniste 1974, p. 100).

La cinquième propriété, utilisée de plus en plus aussi bien dans le cadre du lexique-grammaire (G. Gross) que dans celui de la morphologie dérivationnelle (D. Corbin), est la compositionnalité. Il ne s'agira ici que de la rattacher au concept saussurien de valeur, donc au signifié.

Il me paraît préférable de m'étendre davantage sur deux propriétés des dénominations: la définissabilité, mesurable dans les dictionnaires en général, et la figurabilité au moyen de représentations iconiques, qui mérite réflexion à cause des dictionnaires encyclopédiques d'aujourd'hui et surtout dans la perspective des dictionnaires hypermédias de demain.

4. Premier critère: l'appartenance à une partie du discours

Il s'agit bien de partie du discours, et non pas de catégorie de langue: la question n'est pas de savoir si *snob* est fondamentalement un nom ou un adjectif, mais de constater un comportement nominal dans *un snob* et un comportement adjectival dans *être snob*. Il s'agit bien entendu également de partie du discours dans telle langue, selon ses propriétés typologiques. En tant que morphème, *snob* est un radical possible; en tant que nom ou adjectif, c'est un mot.

5. Deuxième critère: la référence actuelle

Il s'agit de la référence au sens philosophique. Acte de langage, elle concerne les entités à propos desquelles se posent les questions «qui, que, lequel?» (Searle 1972: 66), et aussi les questions «où, quand?». Voici deux exemples simples (où sont soulignés les mots concernés), puis un troisième.

(2) Il veut dépoussiérer le Quai d'Orsay
(3) Il y a un rassemblement devant la mairie
(4) Rendez-vous devant la Sécurité sociale
En (4), la Sécurité sociale constitue ce qu'on pourrait appeler une description définie dégénérée, c'est à dire lexicalisée et susceptible de dénommer des lieux divers, comme un toponyme. L'appellation de «nom propre dégénéré» utilisée par Searle (1972: 227) à propos de la Banque d'Angleterre semble moins appropriée pour deux raisons. La première est qu'en pareil cas le nom propre ne figure pas dans la tête de l'expression nominale. La seconde est que le phénomène est de portée plus large puisqu'il concerne aussi toutes les occurrences d'organismes industriels, commerciaux ou administratifs à implantations multiples, que leur dénomination comporte ou non un nom propre. Tel est le cas, dans le *Code des assurances*, de plusieurs des groupes nominaux les plus récurrents, comme *Fonds de garantie*, *commission de contrôle*, *Conseil d'Etat* et bien d'autres noms d'institutions.

6. Troisième critère: la référence virtuelle

(5) Il veut dépoussiérer le Quai d'Orsay
(6) Il a une chemise neuve
L'interprétation de (5) dépend de connaissances pragmatiques sur le sujet du groupe verbal, mais virtuellement *dépoussiérer* peut être pris «au propre» ou «au figuré», pour faire vite, et *le Quai d'Orsay* compris soit comme le siège du ministère des affaires étrangères de la France soit comme son réseau administratif mondial, soit comme le travail de ses

agents, à tout le moins. De même, l'interprétation de (6) est étroitement dépendante de l'univers du discours, qui seul permet d'arbitrer entre les acceptions en usage dans les boutiques de vêtements, les tâches bureaucratiques et l'armement. C'est dans le discours que la richesse de la référence virtuelle est sollicitée; c'est là aussi qu'elle est immédiatement réduite par le contexte, normalement.

7. Quatrième critère: la possibilité de standardisation des vocables

C'est dans le discours spécialisé que se pose avec le plus d'acuité le problème plus général de la sécurité dans la transmission de l'information. Dans les pays où la rédaction technique est en bonne place dans les métiers émergents, à commencer par les Etats-Unis, on parle non seulement de thesaurus mais aussi de vocabulaire contrôlé. L'univers très restreint des bulletins météorologiques officiels présente un cas-limite de terminologie entièrement normalisée; c'est donc en toute confiance que l'on peut y puiser des exemples de vocables de sens totalement prévisible en emploi professionnel, mais il est clair que c'est une partie considérable de notre environnement culturel qui est étiquetable de façon plus ou moins discrètement standard.

(7) *bruine / pluie / averse*
(8) *temps* au sens de «conditions météorologiques»
(9) La température est *en baisse / stationnaire / en hausse*
La standardisation, dans le système de traduction automatique METEO, porte sur le choix des mots, le contenu conceptuel et même les collocations. Dans les usages ordinaires des mots, les contraintes sont moins fortes ou différentes; ainsi, dans les journaux, la pression fiscale peut être qualifiée avec les mêmes expressions ou d'autres, comme *décroissante*, *stable* ou *croissante* etc.

Ainsi conçue, la standardisation des vocables de discours ne se confond pas avec la question plus générale des normes linguistiques, mais se limite aux mots de nomenclatures. C'est l'importance statistique des termes dans les pays développés qui conduit les linguistes à s'y intéresser; il ne suffit pas, alors, d'avoir compris, comme Saussure, que les langues ne sont pas des nomenclatures, encore faut-il se demander comment les nomenclatures font partie des langues et dans quelle mesure les linguistes ont prise sur elles. La question se pose avec acuité dans le cas des emprunts et des néologismes, ce qui montre bien qu'il s'agit de discours et de vocables, de parole au sens saussurien, mais de parole autorisée. Ce n'est pas la question du contenu des décisions de normalisation, qui sont affaire de décideurs, mais celle, théorique, du standardisable en matière de lexique.

8. Cinquième critère: la compositionnalité

(10) *chemise polo / chemise cartonnée / chemise de cylindre*
Le sens de ces trois expressions nominales plus ou moins lexicalisées n'est pas linguistiquement prédictible, du fait de la polysémie du signe arbitraire *chemise*, mais il est analysable hors contexte par le jeu des valeurs de *chemise* et de ses cooccurrents possibles; ainsi, *cartonnée* est motivé, *polo* substituable au syntagme *chemise polo* par effacement de l'hyperonyme, *canon* substituable à *cylindre* comme hyponyme etc. Le principe de Frege s'applique ici à des syntagmes, et l'on peut donc parler de compositionnalité syntagmatique en pareil cas.

(11) *dépoussiérage, chemiser*
Cette fois il s'agit de compositionnalité à l'intérieur du mot construit, mais là aussi le sens, à défaut d'être prédictible du fait de la polysémie de *poussière* (sens «propre» ou «figuré», toujours pour faire vite) et de *chemise*, est analysable et même ne pose pas de problème une fois désambiguïsée la base lexicale, ce que les machines ne savent pas faire.

(12) *lequel, dès lors que*
Ces exemples ne sont mentionnés que pour rappeler que la compositionnalité est aussi le fait de mots grammaticaux, dont le sens est tout entier compris dans leur signifié systémique ou, plus exactement, dans le signifié des morphèmes constitutifs plus leur règle de combinaison.

(13) *volatile, volaille / voleur, antivol / volant* adj., *volant* n. / *volatile* adj. fém., *volatile* n. / *volition, volubile, volcan*
Les limites du principe de compositionnalité appliqué à la morphologie lexicale ressortent de ces exemples. Le jeu des valeurs paradigmatiques et syntagmatiques, là où il est opératoire, est limité à un signifié global, qui ne saurait se confondre avec la réalité de ce qu'est un antivol; il conduit à une motivation relative, exacte ou fausse étymologiquement, à la limite dénuée de pertinence jusqu'à l'arbitrarisation dans le cas du volant d'auto.

9. Sixième critère: la définissabilité

Si l'on admet qu'une dénomination est une façon d'appeler par son nom un objet du monde ou une classe d'objets logiques, ainsi que je l'affirme dans mon dernier livre (1995: 20) à la suite de Kleiber, les dénominations sont les noms, les verbes et les adjectifs susceptibles de définitions lexicographiques.

En dehors de la définition des mots grammaticaux, le dictionnaire de langue ne fait appel au signifié saussurien que dans le jeu des analogies au sens du *Petit Robert* ou pour rendre compte de motivations relatives. La description des concepts correspondants aux diverses acceptions fait nécessairement appel à des propriétés des objets décrits, à commencer par des connaissances encyclopédiques permettant d'inférer que *chemise* est le nom d'un vêtement, d'un dossier ou d'une protection de cylindre. En ce sens il n'y a de sens lexical que culturel, le naturel n'étant que du naturalisé à travers l'histoire des langues et l'histoire des locuteurs. La part de *chemise* dans la phraséologie populaire ne doit pas faire illusion; une chemise en tissu est de nos jours un produit industriel dont les propriétés font l'objet d'un consensus, comme le dossier où l'on range des documents. Il n'y a donc pas d'un côté des mots pour linguistes et de l'autre des mots pour terminologues, mais des conceptualisations plus ou moins techniques. Voici deux illustrations de cette réalité.

(14) *chemise 3 // chemiser // chemisage*
On reconnaît ici ce que Guilbert appelait un paradigme dérivationnel, et qui est un phénomène courant dans les terminologies (voir Lerat 1995: 71-72). La condition à remplir, pour qu'un mot serve de base lexicale à un paradigme dérivationnel, n'est pas seulement la permanence d'un «noyau sémantique» au sens de l'analyse sémique, mais celle d'un contenu de connaissances élaboré. Ainsi, on ne peut chemiser que ce qui est susceptible de recevoir une chemise au sens technologique, ce qui est très restrictif.

(15) «chemise» hérite des propriétés de «vêtement» ssi *chemise* = *chemise 1*
Un tel constat limite les espoirs fondés sur l'intelligence artificielle et conduit à miser plutôt sur l'analyse distributionnelle fine, à base de classes d'objets et de prédicats appropriés, pour l'analyse et la génération de textes.

10. Septième critère: la figurabilité

Par un raccourci énergique, plus énergique que juste, on enseigne couramment que le dictionnaire de langue est un dictionnaire de mots et le dictionnaire encyclopédique un dictionnaire de choses (voir notamment Dubois 1971: 13). En fait, on voit mal comment un dictionnaire de langue aussi peu suspect d'encyclopédisme que le TLF aurait pu faire autrement que de définir *cheval-vapeur*, ainsi qu'il le fait, par «unité de puissance équivalant à soixante-quinze kilogrammes par seconde, c'est à dire 736 watts environ». Inversement, la nomenclature du *Grand Larousse encyclopédique*, qui est une encyclopédie fidèle à l'ordre alphabétique, inclut des entrées comme *à*, *abaisser* ou *abandon*, qui appellent un traitement morphosyntaxique et morphosémantique classique. Une différence plus systématique entre les deux types de dictionnaires est que l'encyclopédie illustre certaines entrées.

Quelles entrées? Cette question, à ma connaissance, n'a jamais été posée sur le plan théorique, malgré le nombre des travaux descriptifs sur la lexicographie (voir toutefois Al-Kasimi 1977 et Hupka 1989). Il se vérifie tout d'abord que le sens des noms propres est fait de connaissances et de croyances partagées, d'après les exemples (16) et (17).

(16) ABD EL-KADER (portrait)
Parmi tous les Abd El-Kader vivants et morts, l'un, né près de Mascara en 1808, est durablement saillant dans la culture des francophones.

(17) AIGUES-MORTES (vue aérienne)
La photo résume en quelque sorte la description verbale.

(18) ABO (schéma des compatibilités des groupes sanguins dans le système ABO)
Signe partiellement lettrique dont le dernier élément est un zéro, le quasi-sigle ABO n'a pas de signifié du tout et constitue une formule mnémotechnique porteuse de connaissances biologiques.

(19) ABATTOIR, AEROPORT, AFFICHE, AILE D'AVION, ALESEUSE
Ces noms concrets sont illustrés par des occurrences typiques. Le choix de ces occurrences exemplaires est déterminé par des considérations de saillance à l'époque de la publication (1987), pour un public francophone: plan d'un abattoir à bovins, plan de Roissy 2, schéma d'une aile d'AIRBUS A-300, représentation d'une aléseuse-fraiseuse horizontale à montant fixe, lithographie américaine de 1894, publicité de 1938, affiche de film de 1974.

(20) CHAPITEAU (photos de chapiteaux papyriforme, byzantin, roman, gothique et composite)
Là où il n'existe pas de prototype, ce qui est le cas avec *chapiteau*, on ne peut que représenter des hyponymes (voir Helmy 1997, p. 823).

(21) ABEILLE (encadré)
Les représentations iconiques, ici, concernent les castes d'adultes, les organes de l'ouvrière, la coupe d'un rayon, le développement larvaire et la danse d'information. Ces connaissances sont effectivement plus encyclopédiques que les propriétés stéréotypiques au sens de Robert Martin (1993: 159), mais il y a déjà beaucoup plus qu'un signifié saussurien dans le stéréotype à la façon du *Petit Robert*: «Insecte social hyménoptère vivant en colonie et produisant la cire et le miel». A la vérité, c'est un stéréotype encyclopédique en ce sens que l'énoncé définitoire résume l'expérience de ceux qui s'y connaissent en matière d'abeilles. Les connaissances illustrées sont des développements de chacune de ces propriétés, mais il s'agit de connaissances disciplinaires elles-mêmes stéréotypiques dans les domaines de l'histoire naturelle, de l'apiculture et de l'éthologie animale. L'apport propre de l'encyclopédie est un recul des frontières en matière d'environnement cognitif (voir Sperber et Wilson 1986: 88), et les connaissances non linguistiques

définitoires de l'abeille dans le *Petit Robert* et dans le TLF justifient le continuum signalé par ce dictionnaire: «ENTOMOL. et langue commune».

(22) ARCHEOLOGIE (double page)
Comment figurer iconiquement l'abstrait? Impossible, sauf ruse grossière consistant à représenter les objets typiques qui gravitent autour de cette dénomination dans notre culture: une hallebarde, une pièce de monnaie, un vase, un site, comme c'est le cas ici.

(23) ABSTRAIT, ADDITIF (adjectifs)
La figurabilité des adjectifs abstraits étant nulle, là aussi l'artifice est de rigueur. Le lexique devient prétexte à l'utilisation d'une iconographie très belle concernant l'art abstrait (une sculpture, un dessin et deux tableaux typiques) et la synthèse additive trichrome des couleurs.

11. Conclusions

1. Le critère de la partie du discours est constant et permet de considérer que tout mot en relève, de l'article au nom propre. Les syntagmes partagent cette propriété, non les morphèmes.
2. La référence actuelle est le fait des indexicaux, des noms propres et des descriptions définies lexicalisées (ou dégénérées). C'est aussi le cas des syntagmes nominaux, mais non des morphèmes.
3. La référence virtuelle est le renvoi à un contenu intensionnel de concept, c'est à dire à des connaissances non linguistiques pertinentes dans l'univers du discours. C'est un contenu descriptif. Le morphème et le syntagme n'ont pas de référence virtuelle.
4. La possibilité de standardisation est le propre des termes, au sens de la terminologie. Un terme ainsi compris n'est jamais un morphème, mais toujours un mot ou un syntagme plus ou moins figé.
5. La compositionnalité des unités lexicales est l'analysabilité en morphèmes et groupements de morphèmes porteurs de signifiés. Elle se heurte, dans toutes les parties du discours, à l'arbitraire au sens saussurien. En outre, elle se limite à la reconnaissance de contenus globalement distinctifs, des signifiés. Ce n'est pas une compositionnalité mathématique, la polysémie interdisant aux langues naturelles la réflexivité dont a besoin le calcul.
6. La définissabilité est le propre des dénominations nominales, verbales et adjectivales et constitue le pendant linguistique de l'extension logique. A ce compte, les définitions telles que, pour *il*, «pronom personnel», ne sont pas des définitions à proprement parler, ainsi que la philosophie du langage l'a mis en évidence depuis longtemps.
7. La figurabilité est le fait de certains noms: les noms propres de personnes, de lieux et d'oeuvres d'art, les noms concrets susceptibles d'une

schématisation, d'une exemplification saillante ou d'illustration par des hyponymes typiques. Les expressions correspondantes sont des unités lexicales ou lexicalisées à titre de noms propres ou à titre de termes, également porteurs de connaissances encyclopédiques.

Bibliographie

AL-KASIMI, Ali M. (1977): *Linguistics and Bilingual Dictionaries*, Leiden, E.J. Brill

BENVENISTE, Emile (1974): *Problèmes de linguistique générale*, vol. 2, Paris, Gallimard

BOURIGAULT, Didier (1994): *LEXTER, un logiciel d'extraction de terminologie*, Paris, Ecole des Hautes Etudes en Sciences Sociales

CORBIN, Danielle (1987): *Morphologie dérivationnelle et structuration du lexique*, Tübingen, Niemeyer

DUBOIS, Jean et Claude (1971): *Introduction à la lexicographie*, Paris, Larousse

GROSS, Gaston (1996): *Les expressions figées en français*, Paris, Ophrys

GUILBERT, Louis (1975): *La créativité lexicale*, Paris, Larousse

HELMY, Héba (1997): *L'architecture islamique en Egypte. Elaboration d'une terminologie et problématique de la traduction*, Le Caire, thèse de l'Université Al Azhar

HUPKA, Werner (1989): «Die Bebilderung im allgemeinen einsprachigen Wörterbuch» in *Dictionnaires. Bibliographie internationale de lexicographie*, F.J. Hausmann *et al.* edd., t. I, p. 704-726, Berlin, Walter De Gruyter

KLEIBER Georges (1981): *Problèmes de référence. Noms propres et descriptions définies*, Paris, Klincksieck

LAKOFF, George (1987): *Women, Fire and Dangerous Things*, Chicago, The University of Chicago Press

LERAT, Pierre (1995): *Les langues spécialisées*, Paris, PUF; trad. esp. *Las lenguas especializadas*, Barcelona, Ariel, 1997

MARTIN, Robert (1993): «Typicité et sens des mots» in *Sémantique et cognition*, D. Dubois ed., p. 151-159, Paris, CNRS-Editions

MILNER, Jean-Claude (1989): *Introduction à une science du langage*, Paris, Seuil

MORTUREUX, Marie-Françoise (1997): *La lexicologie entre langue et discours*, Paris, SEDES

RASTIER, François (1991): *Sémantique et recherches cognitives*, Paris, PUF

de SAUSSURE, Ferdinand (1978): *Cours de linguistique générale* (1916), T. de Mauro ed., Paris, Payot

SEARLE, John (1969): *Speech Acts*, Cambridge University Press; trad. fr. *Les actes de langage*, Paris, Hermann, 1972

SPERBER Dan et WILSON, Deirdre (1986): *Relevance*, Oxford, Blackwell; trad. fr. *La pertinence*, Editions de Minuit, 1989

Pierre LERAT

ÉTUDE LEXICALE DES LOCUTIONS CONJONCTIVES

Résumé

Cet article a pour objet de proposer une nouvelle analyse des locutions conjonctives qui sont considérées habituellement comme des lexèmes grammaticaux. Cette position traditionnelle a eu pour conséquence de réduire ces constructions à des conjonctions simples et a empêché toute analyse de leur fonctionnement réel. Nous montrons en revanche que ces locutions comprennent un substantif prédicatif, que ce substantif est un prédicat de second ordre dont nous décrivons les propriétés syntaxiques et sémantiques. Nous nous plaçons ainsi dans la perspective d'une génération exhaustive de toutes les structures qui caractérisent chaque prédicat particulier. On se rend compte alors que l'opposition entre mots grammaticaux et lexicaux est moins évidente qu'on ne l'admet habituellement.

Summary

The objective of this article is to propose a new analysis of conjunctive locutions that are traditionally thought to be grammatical lexemes. The traditional view has lead to the consequence of reducing these constructions to simple conjonctions and has prevented an analysis of their real functioning. We show, on the other hand, that these locations contain a predicative noun, that this noun is a second-order predicate that we analyze in terms of its syntactic and semantic properties. We take the perspective of generating all the structures that characterize each individual predicate. We are then lead to conclude that the contrast between grammatical and lexical words is much less obvious than previously thought.

1. Catégories lexicales et catégories grammaticales

L'opposition entre morphèmes lexicaux et morphèmes grammaticaux est traditionnelle dans les études de grammaire et semble acceptée par les diverses écoles linguistiques. En effet, elle est fondée sur des critères solides et convergents. Les éléments lexicaux constituent une série ouverte à la différence des grammaticaux qui sont en nombre limité; les premiers sont soumis à déclinaison ou à conjugaison, ce qui n'est pas le cas des seconds; les premiers ont des référents extralinguistiques et forment le schéma primaire de la phrase (relation de prédicat à arguments) tandis que les seconds ne sont que des moyens linguistiques permettant de construire une phrase du point de vue syntaxique.

La prise en compte du figement, qui peut toucher toutes les catégories grammaticales, ne vient pas affecter l'opposition dont nous venons de parler: un nom composé joue le rôle d'un argument tout autant qu'un nom simple, un verbe figé a le même rôle prédicatif qu'un verbe simple et on peut en dire autant des adjectifs. On a donc d'une part les éléments constitutifs de la prédication dans le cadre de la phrase et de l'autre le «ciment» qui permet à ces éléments de former une structure et non un «tas».

Nous voudrions montrer dans cet article que cette description est moins évidente que la tradition ne le laisse entendre et nous prendrons pour ce faire le cas des locutions conjonctives (ou prépositives). Le rôle qui leur est généralement assigné est d'introduire une phrase (conjuguée ou réduite à l'infinitif) ou un complément circonstanciel. Leur fonction est donc, dans cette perspective, rigoureusement identique aux conjonctions simples. C'est ce qu'admettent implicitement les dictionnaires classiques, comme le fait *Gaffiot*, qui traduit la conjonction finale *ut* indifféremment par *pour que, pour* ou *afin que*. Cette analyse est admise aussi par des grammaires comme *Grevisse*, qui énumère indistinctement dans le recensement des moyens introduisant des subordonnées circonstancielles les conjonctions simples (*que*), les prépositions (*pour*) ou les locutions (*afin que, pour que*). En somme, la langue française a inventé des moyens nouveaux pour compléter les éléments d'une catégorie grammaticale. La notion de *locution* traduit le fait que ces suites ne sont pas libres mais se comportent de façon unifiée et compacte par rapport aux deux phrases qu'elles relient.

En nous fondant sur les locutions comprenant un substantif comme *afin que, avec l'intention de, dans le but de, en raison de, en vue de, pour la raison que, sous prétexte que*, etc. nous allons montrer que cette conception est réductrice et ne rend pas compte de leur fonctionnement réel. Observons que ces locutions correspondent à la structure générale suivante: *Prép Dét N Modif*. Cette indication nous permettra de mettre clairement en évidence les variations auxquelles elles peuvent être soumises.

2. Degrés de liberté de ces structures

Certaines locutions sont figées au sens où elles ne se prêtent à aucune substitution paradigmatique ni à aucune transformation syntaxique. C'est le cas, par exemple, de *à défaut de, à la faveur de, à telle enseigne que, au mépris de, en dépit de, en vue de, sous peine de*. On est en droit alors de parler de *locutions* définies comme suit: il n'est pas au pouvoir du locuteur d'en modifier ni les éléments lexicaux ni la structure interne, ce qui est la définition du figement. Il en est d'autres, où l'on observe déjà quelques variations: la suite *au fur et à mesure que/de* peut subir l'effacement du premier élément *à mesure que*. Mais la plupart d'entre elles ont un statut syntaxique beaucoup moins contraint. Nous allons reprendre la structure interne que nous avons évoquée plus haut pour montrer que chaque position peut faire, pour une préposition donnée, l'objet de choix paradigmatiques. Nous analyserons successivement la préposition, le substantif, le déterminant et le modifieur.

2.1. La préposition

Il existe des locutions conjonctives dont la préposition initiale peut faire l'objet d'un choix. Dans ce cas, le complément est quelquefois de nature différente: *à l'aide de* est suivi d'un substantif concret tandis que *avec l'aide de* introduit un complément humain. Mais la plupart du temps les compléments sont identiques:

avec/dans: avec l'intention de/dans l'intention de
de/en: de sorte que/en sorte que
par/de: par crainte de/ de crainte de
*par/*zéro*: par crainte de VW/crainte de VW* (*VW* désigne une subordonnée infinitive)

2.2. Le substantif

Dans un grand nombre de locutions, le substantif n'est pas contraint, puisqu'il est susceptible d'entrer dans des séries paradigmatiques, qui ont les mêmes propriétés syntaxiques et un sémantisme identique, comme on le voit dans les exemples suivants:

avec LE (souci, volonté, désir, espoir,...) de VW
à LE (moment, instant, seconde, minute, heure) où P
pour LE (motif, raison) que P
de (sorte, manière, façon) que P

L'existence de paradigmes, donc de choix, est un argument de poids pour l'analyse des locutions que nous proposerons dans la suite de cet article.

2.3. Les déterminants

2.3.1. Détermination cataphorique

On étudiera dans un premier temps la détermination cataphorique qui accompagne ces substantifs. Cette détermination est double: elle est composée de prédéterminants (*le, un,* zéro) qui annonce le modifieur constitué, en fait, par la subordonnée circonstancielle. Cette subordonnée peut revêtir des formes variées: verbe conjugué, infinitif, prédicat nominal et même adjectif.

Le-Modif
Paul a dit cela dans le but de convaincre
Paul a fait cela dans l'espoir qu'on le comprendra

Paul est resté du fait qu'il pleuvait
Paul s'est tu pour la raison qu'il ignorait tout

Un-Modif
Paul a dit cela dans un souci d'apaisement
Paul a dit cela dans un but évident de convaincre
Paul a pris ces mesures dans un but commercial

E-Modif
Paul a dit cela sous prétexte d'informer son voisin
Paul a dit cela afin de plaire à son père

Le caractère non figé des locutions est encore mis en évidence par la possibilité d'ajouter des adjectifs à côté de ces substantifs. Voici quelques exemples:

afin que P / à seule fin que P
en fonction de N / en fonction inverse de N
dans le but de VW / dans le seul but de VW
dans le but de VW / dans un but évident de VW

La cataphore peut avoir d'autres possibilités morphologiques, comme certains adjectifs, qui montrent toutes que les structures que nous étudions n'ont rien à voir avec le figement syntaxique:

dans le but de rendre justice à Paul
dans le but que voici: rendre justice à Paul

pour la raison qu'il pleuvait trop fort
pour la raison suivante: il pleuvait trop fort

2.3.2. Détermination anaphorique

La présentation des locutions comme des ensembles plus ou moins figés, l'absence d'études rigoureuses et complètes sur le fonctionnement des déterminants des substantifs qui en constituent les pivots ont occulté le fait que ces locutions peuvent être accompagnées d'une détermination anaphorique. Il n'existe, à notre connaissance, aucune étude sur ce sujet. Par exemple, le *Trésor de la langue Française* ne mentionne pas à côté de la locution *afin que* la variante anaphorique *à cette fin*, tout comme la séquence *dans ce but* n'est pas signalée en même temps que la locution *dans le but de*. Il convient donc d'étudier dans le détail cette détermination anaphorique. Ce faisant, on montrera encore plus clairement que la notion de locution, telle qu'elle est présentée habituellement, est une simplification inadmissible. Rappelons que la détermination des substantifs est composée ici à la fois par un (pré)déterminant et par deux types de modifieurs: des modifieurs adjectivaux et des modifieurs «complétifs» (qui représentent en fait la subordonnée, quelle que soit la forme de celle-ci). L'anaphore opère à différents niveaux de cette détermination. Elle concerne soit le modifieur seulement (c'est-à-dire la subordonnée) soit l'ensemble de la détermination, constituée à la fois par le prédéterminant et le modifieur.

L'emploi de l'anaphore implique que l'information à laquelle elle réfère soit déjà connue de l'interlocuteur. En l'occurrence, cette information est représentée par le contenu de la proposition circonstancielle.

a) Pronominalisation du modifieur

Soit les phrases complexes suivantes:

Après que Paul eut fini son travail, il est allé au cinéma
Au lieu de lire, Paul a écouté de la musique
Faute d'avoir réellement travaillé, Paul a raté son examen

Imaginons une situation où l'information véhiculée par les propositions circonstancielles de ces phrases soit déjà connue de mon interlocuteur. Ce dernier sait donc déjà a) que Paul a fini son travail, b) qu'il voulait ou devait lire ou encore c) qu'il n'a pas très bien travaillé. Le fait de prononcer ces phrases serait alors une redondance. Pour l'éviter, on peut référer à cette information par divers moyens anaphoriques, comme le *relatif de liaison*, les pronoms *cela, çà* ou *là* ou encore l'effacement pur et simple de la subordonnée.

le relatif de liaison:
Après quoi, Paul est allé au cinéma
Au lieu de quoi, Paul a écouté de la musique
Faute de quoi, Paul a raté son examen

les pronoms *cela* et *ça*
Après (cela, ça), Paul est allé au cinéma
Au lieu de (cela, ça), Paul a écouté de la musique

le pronom *là*
D'ici à ce que Paul lise, de l'eau coulera sous les ponts
D'ici là, de l'eau coulera sous les ponts

effacement du modifieur:
En attendant (E + que tu viennes), Paul lira
A défaut (E + de pouvoir lire), Paul se promènera
A force (E + de crier comme ça), Paul s'est fatigué

b) Pronominalisation de toute la détermination:

Nous examinons maintenant le cas où ce n'est pas seulement le modifieur qui est anaphorisé mais la totalité de la détermination (prédéterminant compris). L'anaphore est alors rendue par divers moyens linguistiques: le démonstratif et certains types d'adjectifs.

– le démonstratif

A cette fin, il faut s'inscrire à la mairie
Dans ces circonstances, je ne partirai pas
Dans ce but, tu consulteras un notaire
Dans ces conditions, il est impossible de travailler
De ce fait, le travail n'a pas pu être fait
Pour cette raison, les travaux se sont arrêtés
Dans ce cas, il est inutile de continuer

– adjectifs

dans un tel but
dans des circonstances pareilles
dans un but de ce genre
dans pareille circonstance

– autres modifieurs

pour la raison susmentionnée
pour le motif ci-dessus
pour la raison que je viens de dire
pour la raison qui vous est connue
pour la raison que vous avez lue

Observons simplement que si l'on considère les locutions (conjonctives ou prépositives) comme de véritables catégories composées, de même nature que les conjonctions simples, alors les faits que nous venons de mettre en évidence ne s'expliquent pas. Admettons que *dans le but de* soit une locution prépositive et *du fait que* une locution conjonctive et qu'elles constituent des éléments de la classe des conjonctions, quel sera alors le statut de *dans ce but* ou *de ce fait*, dont la structure est rigoureusement identique, à la seule différence près que la détermination du substantif y est tantôt cataphorique, tantôt anaphorique?

c) Autres types de déterminants

Mais la situation est encore plus complexe. Nous n'avons étudié jusqu'à présent que des déterminants affirmatifs, annonçant un événement ou référant à un événement déjà connu de l'interlocuteur. Mais le substantif qui figure dans les locutions est susceptible de recevoir d'autres types de déterminants:

– déterminants négatifs

pour la raison que/pour aucune autre raison que
au moment où P/à aucun moment
dans le but précis de VW/dans aucun but précis
pour le motif que P/pour nul autre motif

– déterminants interrogatifs et exclamatifs

pour quelle raison?

pour quel motif?
à quel moment?
dans quelles conditions?
dans quel but?

– déterminants exclamatifs
et dans quelles conditions!
et à quelle fin!
et à quel moment!

– déterminants "indéfinis"
à certaines fins indéterminées
à toutes fins utiles
pour d'autres raisons
à un certain moment
dans d'autres circonstances
pour n'importe quelle raison
pour telle ou telle raison

– déterminants quantifieurs
pour deux raisons
pour plusieurs raisons: la première... la seconde...
pour les deux motifs suivants

On conclura de cette situation distributionnelle complexe qu'il est impossible de réduire les locutions à des conjonctions figées qui auraient le même comportement que les catégories simples correspondantes.

3. Une nouvelle analyse

En résumé, les structures que nous venons d'étudier comprennent deux constantes: la préposition et le substantif et une variable: la détermination de ce substantif. En cas de détermination cataphorique, on est en présence de ce qu'on appelle traditionnellement une subordonnée circonstancielle, avec cette restriction que dans les grammaires la forme adjectivale de certaines subordonnées n'est jamais mentionnée (*Paul a pris ces mesures à des fins* ***commerciales***). Avec la détermination anaphorique, d'autre part (*à cette fin, de ce fait)*, on a des structures qu'on ne relie jamais aux précédentes, alors qu'elles doivent l'être d'évidence, pour des raisons que nous avons signalées.

Nous voudrions proposer une nouvelle analyse des «locutions», qui se fonde sur la description minutieuse que nous venons de faire. Rappelons d'abord le principe général qui veut qu'il y ait, dans une suite donnée, autant de phrases qu'il y a de prédicats. L'analyse habituelle, en cas de phrases complexes comme *Paul a dit cela avec le désir de convaincre*, affirme qu'on est en présence de deux phrases, la principale (*Paul a dit cela*) et une subordonnée infinitive finale introduite par la locution prépositive (*avec le désir de*). En réalité, cette suite comprend non pas deux mais trois prédicats: celui de la principale (*dire*), celui de la subordonnée (*convaincre*) et celui qui se cache derrière la locution, le prédicat nominal *désir*. Les arguments de ce prédicat nominal sont faciles à établir. Son sujet n'est pas exprimé mais représente le même que celui de la principale (*Paul*) et son complément est la subordonnée, représentée par le verbe *convaincre*, dont le sujet est lui aussi coréférent à celui de la principale. On a donc le schéma d'arguments suivant *désir* (*Paul, convaincre*). Il reste que ce prédicat *désir* n'est pas actualisé, mais pourrait l'être par le verbe support *avoir*. On peut donc reconstituer la suite de la façon suivante:

Paul(x) a dit cela. Paul (x)(a, avait) le désir de convaincre
Paul a dit cela. Il (a, avait) le désir de convaincre

Dans cette dernière phrase, on observe une prédication autonome pour le prédicat *désir*. Cette prédication pourrait être effacée et prise en charge par celle de la principale. Cela pourrait se produire en effaçant la conjugaison du prédicat nominal, c'est-à-dire son insertion autonome dans le temps. Cela peut s'obtenir en mettant le support au participe présent:

Paul a dit cela, ayant le désir de convaincre

La temporalité du prédicat est alors effacée, mais il reste l'aspect:

Paul a dit cela, (ayant, ayant eu) le désir de convaincre

L'effacement de l'aspect est obtenu par le remplacement de la forme *ayant* par la préposition *avec*. On retrouve alors la «locution» dont nous sommes partis. Le passage d'une construction à verbe support à la structure appelée «locution» s'explique de la façon suivante:

– le sujet du substantif prédicatif figurant dans la locution est coréférent à celui de la principale et repris par *il*, lequel peut, à son tour, être effacé
– il s'ensuit un effacement de la conjugaison de ce prédicat nominal, c'est-à-dire du verbe support qui est remplacé par la préposition *avec*, laquelle établit une relation non temporelle.

L'analyse que nous venons de faire sur des locutions finales peut être appliquée aux causales. Admettons deux phrases, représentée pour simplifier par les lettres A et B. On obtient:

A a causé B

Cette phrase peut se mettre au passif:

B a été causé par A

A côté du passif verbal, on peut avoir un «passif nominal» introduit par le support passif *être à* (*être désespéré = être au désespoir*):

B a été à cause de A

Si on efface le support on obtient:

B, à cause de A

Nous analysons donc les substantifs qui figurent dans les locutions comme des prédicats dont les arguments sont la principale et la subordonnée. Nous dirons qu'il s'agit de prédicats du deuxième ordre.

4. Syntaxe de ce prédicat du deuxième ordre

Les prédicats, comme on le sait, peuvent avoir des variantes morphologiques. Sur la racine *respect-*, on peut générer trois phrases, à prédicat respectivement verbal, nominal et adjectival:

Paul respecte les lois
Paul a le respect des lois
Paul est respectueux des lois

D'autres racines prédicatives n'ont que deux formes: verbale et nominale, nominale et adjectivale:

Paul ambitionne de réussir
Paul a l'ambition de réussir

Paul a de l'imagination
Paul est imaginatif

D'autres racines enfin sont «autonomes», c'est-à-dire ne se prêtent à aucune variation morphologique, comme *intention* ou *dessein*:

Paul a l'intention de partir
?Paul intentionne de partir
**Paul est intentionné de partir*

Paul a le dessein de partir
**Paul desseine de partir*

Ce que nous venons de dire s'applique aux substantifs prédicatifs figurant dans les «locutions». Soit la phrase *Paul travaille durement avec la volonté de réussir*. Elle est susceptible de deux paraphrases correspondant à deux réalisations différentes:

Paul travaille durement. Il a la volonté de réussir
Paul travaille durement. Il veut réussir

Les possibilités de paraphrases sont plus grandes pour les locutions comprenant la racine *désir-*

Paul a dit cela avec le désir de convaincre

Paul a dit cela. Il a le désir de convaincre
Paul a dit cela. Il désire convaincre
Paul a dit cela. Il est désireux de convaincre

Ces relations peuvent être illustrées par le schéma suivant, où VW désigne la subordonnée circonstancielle à l'infinitif (*de convaincre*):

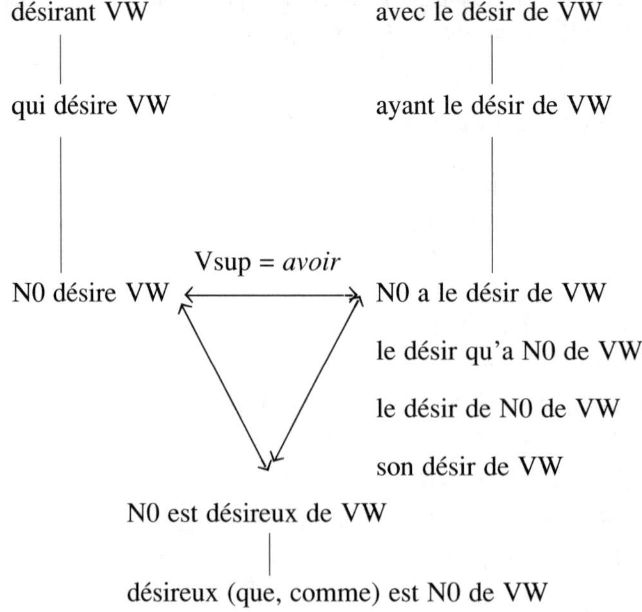

Ce tableau montre que si l'on analyse les locutions (conjonctives ou prépositives) comme des catégories, alors il est impossible de rendre compte des nombreuses paraphrases que le tableau met en évidence et que l'on rencontre régulièrement dans les textes. Connaître une langue c'est être capable de maîtriser ces paraphrases, dont les locutions ne constituent qu'une des possibilités expressives, quand le prédicat nominal qu'elles comprennent n'est pas actualisé mais hérite de l'actualisation du verbe de la principale.

5. Substantifs relateurs et classes d'objets

C'est évidemment le sens du substantif prédicatif figurant dans la locution qui détermine si la relation entre les deux phrases (mettons la principale et la subordonnée) traduit le but, la cause, la condition, etc. Dans la grande majorité des locutions, la syntaxe de ce substantif est libre, comme nous venons de le voir, et conditionnée par la nature sémantique des prédicats des deux phrases qu'il relie. Le sens vient donc du substantif et non de la locution, qui n'est rien d'autre, au regard de ce substantif, que le matériel syntaxique permettant de l'intégrer dans la phrase comme prédicat non actualisé.

On peut pousser l'analyse plus loin et se demander, par exemple, si tous les substantifs considérés comme relevant d'une circonstance déterminée, mettons le but, ont la même signification. En d'autres termes, on peut se demander si la notion de finalité est homogène ou s'il existe différents types sémantiques de but. Prenons trois substantifs *but, intention* et *désir* figurant dans les locutions *dans le but de, avec l'intention de, avec le désir de* et observons leurs propriétés sémantiques.

A des fins de traduction automatique, nous avons mis au point une classification sémantique construite non sur une base ontologique mais à partir des compatibilités syntaxiques entre prédicats et arguments (cf. G. Gross 1992, 1993). Les substantifs sont divisés en opérateurs et arguments, divisés à leur tour en traits syntactico-sémantiques. Les arguments sont ainsi séparés en *humains*, *animaux*, *végétaux*, *inanimés concrets*, *locatifs* et *noms de temps*; les prédicats en *actions*, *états* et *événements*. On voit que ces traits sont plus fins que ceux qu'on utilise d'habitude dans les dictionnaires électroniques. Cependant, ils sont insuffisants pour décrire les noms avec la précision nécessaire au traitement automatique. On peut séparer les différents emplois du verbe *porter*, par exemple, en distinguant des compléments *abstraits* des compléments *concrets*. On opposera ainsi:

Paul porte un sac
Paul porte une accusation (contre N)

On traduira ainsi:

Paul carries a bag
Paul makes an accusation (against N)

L'opposition est donc utile puisqu'elle permet une traduction différente pour les deux emplois. Mais ces traits ne sont pas encore suffisamment précis. Si l'on veut traduire en anglais la phrase:

Paul porte une veste rouge

le codage de *veste* comme un substantif concret serait source d'une faute de traduction si l'on rendait *porter* par *to carry*: c'est par *to wear* qu'il faut traduire. On voit donc que le trait *concret*, nécessaire à coup sûr, n'est pas suffisant pour définir l'emploi à traduire. Il faut donc sous-catégoriser les traits en classes sémantiques plus fines, appelées *classes d'objets*, ici la classe des *vêtements*. Comme on le voit, cette classe a été mise en évidence sur la base de la relation prédicat-arguments. (Pour plus de renseignements sur les classes d'objets, on se reportera au numéro 131 de *Langages* qui leur est consacré).

Les trois substantifs *but, intention* et *désir* que nous avons pris comme exemples plus haut ont ainsi été classés respectivement dans les classes d'objets suivantes: *lieux orientés, opérations intellectuelles* et *sentiments*. Nous voulons voir à présent si leur appartenance aux classes que nous venons d'indiquer a une incidence sur l'expression de la finalité, dont ils sont des représentants privilégiés dans les grammaires.

5.1. Les substantifs locatifs

Le substantif *but* a été classé parmi les locatifs orientés comme, par exemple, les points cardinaux (*Nord, Sud, Est, Ouest*) ou encore d'autres locatifs comme *destination, objectif, point d'arrivée*, etc. Nous avons dit que dans la locution les substantifs ne sont pas actualisés mais qu'ils pouvaient l'être grâce aux verbes supports, ici *avoir*:

Paul a dit cela dans le but de convaincre
Paul a dit cela. Il avait pour but de convaincre

Mais les constructions mettant en jeu le substantif *but* dans l'expression de la finalité sont beaucoup plus nombreuses et s'expliquent par héritage métaphorique du sens locatif d'origine du substantif. On a ainsi des verbes dont l'origine locative est évidente:

Paul voulait mettre les choses au point avec Paul, il est allé droit au but
Paul voulait décrocher ce concours, il (a atteint, est parvenu à) son but

Voici d'autres constructions qui vont dans le même sens:

approcher du but
être loin du but
être près du but
perdre de vue le but final
poursuivre un but
rater son but
se détourner de son but
toucher au but

Certains adjectifs soulignent eux aussi la métaphore locative:

un but inaccessible
dans le but lointain de VW
un but à long terme

Notons que les substantifs traduisant une finalité et dont l'origine est locative (*fin*, *objectif*, etc.) ont comme particularité d'avoir comme sujet à la fois un substantif humain et un sujet phrastique, ce qui n'est pas le cas des deux autres classes sémantiques que nous étudions plus loin:

Paul a pour objectif d'alerter les autorités
Cette démarche a pour objectif d'alerter les autorités

5.2. Les noms d'opérations de l'esprit

Un grand nombre de substantifs relèvent de cette classe: *dessein, intention, volonté*, etc. Tous ces substantifs peuvent être actualisés par le verbe support *avoir*:

Paul est parti en ville avec l'intention d'acheter un costume
Paul est parti en ville, il a l'intention d'acheter un costume

D'autres verbes actualisateurs sont observés:

afficher: Paul a réagi, il affichait la volonté de tout changer
caresser: Paul s'est approché, il caressait le dessein de participer aux débats
manifester: Paul a ri, il manifestait sa volonté de contredire le président

On observe des adjectifs appropriés à ces substantifs, qui constituent souvent des séries sémantiques. Ils traduisent la notion de décision: *avec la volonté (arrêtée, cachée, secrète, ferme, ferme et définitive, manifeste, irrévocable) de réduire cette difficulté.* Notons que les verbes du groupe précédent sont totalement exclus:

**aller droit à l'intention*
**atteindre le dessein*
**parvenir à la volonté*
**se fixer l'intention*
**toucher au dessein*
**viser la volonté*

5.3. Les noms de sentiments

Nous avons vu que certaines locutions finales comprennent des noms de sentiments *avec le désir de, de peur que/de*, etc. Il n'est donc pas étonnant que ces noms soient actualisés par le verbe support *avoir*, comme c'est généralement le cas des noms de sentiments:

Paul a dit cela, avec le désir de convaincre
Paul a dit cela, il avait le désir de convaincre

Paul a rentré les fleurs, de peur que l'orage ne les abîme
Paul a rentré les fleurs, il avait peur que l'orage ne les abîme

Mais, comme on sait, les noms de sentiments ont de nombreux supports spécifiques, comme *éprouver, ressentir, nourrir, caresser, exprimer*

Paul a répliqué, il éprouvait le besoin de contredire ce radoteur

Un certain nombre d'adjectifs spécifiques accompagnent les substantifs de sentiments traduisant une notion finale dans les structures que nous étudions. En voici quelques-uns:

Paul a dit cela avec le désir (inconscient, évident, vif, ardent) d'être loué

Certains verbes et adjectifs sont communs aux deux dernières classes comme *caresser* et *manifeste:*

Paul a dit cela, il caresse (le dessein, le désir) d'être loué
Paul a dit cela avec le (dessein, désir) manifeste d'être loué

D'autres soulignent l'existence de différences. Les verbes spécifiques des substantifs locatifs sont incompatibles avec les opérations de l'esprit et les sentiments:**approcher de (l'intention, le désir) de, *atteindre (le dessin, le souhait) de, *parvenir à (la volonté, le souci) de.* L'adjectif *inconscient* n'est pas compatible avec la classe 2: **Paul a dit cela avec l'intention inconsciente d'être loué* mais est approprié aux noms de sentiments: *Paul a dit cela avec le désir inconscient d'être loué.*

On voit donc que, loin de constituer un sens homogène, la finalité est constituée d'au moins trois classes différentes de substantifs:

a) Des substantifs issus du vocabulaire spatial et correspondant à des lieux finaux, point d'arrivée d'un itinéraire ou d'un trajet et qui sont métaphoriquement employés pour traduire la finalité. Cette remarque n'est pas sans importance pour la génération automatique, parce qu'elle permet de mettre en évidence des dizaines de verbes et d'adjectifs qui caractérisent ces substantifs et qui sont très généralement utilisés dans les textes littéraires. Nous avons là un des moyens de générer autre chose que des phrases squelettiques, comme on le fait trop souvent dans la génération. Il se pourrait qu'on doive rattacher à cette série des suites comme *en vue de*, parallèlement à *avoir en vue de* qui peuvent être appropriées à un lieu: *La ligne d'arrivée n'est pas encore en vue.*
b) Des substantifs correspondant à l'activité consciente de l'homme: *volonté, intention, projet,* etc. Ils traduisent de la part d'un agent une pleine connaissance de ses motivations. Une volonté ou un dessein ne sont jamais inconscients. De ce fait, l'auteur d'une action de ce type en est comptable au regard, par exemple, d'un éventuelle responsabilité civile.
c) Il y a enfin des noms de sentiments, dont l'agent est ou non conscient et qui le poussent à agir, comme une force intérieure. Cette analyse est mise en évidence par des verbes traduisant la «cause du faire»: *Paul a refusé d'obéir, (mu, poussé, entraîné) par l'espoir que son geste serait suivi de tous.* On est ici dans ce que l'on désigne habituellement par le *motif.* C'est aussi ce qu'Aristote appelle la *cause finale.* On voit donc que la notion de classes d'objets permet de faire des analyses fines et nouvelles.

6. Problèmes de topicalisation

Notre analyse nous a mené loin de la description habituelle des «locutions conjonctives ou prépositives». Cependant la situation est encore plus complexe. On peut remarquer que la séquence habituelle constituée par une proposition principale suivie de la subordonnée circonstancielle, illustrée par la phrase suivante:

Paul a dit cela avec le désir de convaincre

met l'accent sur le verbe de la principale, le topicalise en quelque sorte. Mais il existe deux autres possibilités. On peut topicaliser aussi le prédicat de la subordonnée. On obtient alors la phrase suivante:

Convaincre était le désir de Paul en disant cela

ou encore le relateur, c'est-à-dire le substantif porteur de la relation de finalité:

Le désir de Paul en disant cela était de convaincre

Nous voudrions faire remarquer que dans ces deux dernières phrases, il y a les mêmes éléments lexicaux que dans la phrase complexe standard: il y a un verbe d'action volontaire de la part d'un humain (*dire*), un prédicat qui désigne l'objectif voulu (*convaincre*) et un prédicat (le prédicat nominal *désir,* mais on pourrait avoir tout aussi bien la forme verbale *désirer* ou adjectivale *désireux*) qui relie les deux précédents et qui indique le fait que la relation entre les deux événements est voulue, recherchée par le sujet de l'action. On voit alors que la séquence appelée traditionnellement *locution conjonctive* n'est qu'une des dizaines ou même des centaines d'autres structures syntaxiques, mettant en jeu rigoureusement les mêmes mots. Parmi elles, la locution n'est rien d'autre qu'un prédicat nominal non actualisé (c'est-à-dire ayant perdu son verbe support), qui hérite de l'actualisation du verbe principal.

On tirera comme conclusion que les locutions conjonctives, du moins la très grande majorité d'entre elles, ne fonctionnent pas purement et simplement comme des conjonctions simples et ne peuvent pas être assimilées à des morphèmes grammaticaux, puisqu'elles sont constituées d'éléments lexicaux de nature prédicative. Le souci de précision exigé par le traitement automatique des langues permet ainsi de montrer les limites d'oppositions qui semblent bien établies.

Références

ANSCOMBRE, J.-Cl., «La représentation de la notion de cause dans la langue», *Cahiers de grammaire* n° 8, Toulouse, 1984, (p. 3-53).

DANLOS, L., 1988, «Les phrases à verbe support *être Prép*», *Langages*, n° 90, Larousse, Paris.

FUCHS, C., 1991, «Les typologies de procès: un carrefour théorique interdisciplinaire», *Travaux de Linguistique et de Philologie*, Klincksieck, Paris.

GIRY-SCHNEIDER, J., 1987, *Les prédicats nominaux en français: les phrases simples à verbes supports*, Droz, Genève.

GROSS, G., 1989, *Les constructions converses du français*, Droz, Genève.

GROSS, G., 1993, «Trois applications de la notion de verbe support», *L'information grammaticale* , n° 59, Paris.

GROSS, G., 1994, «Classes d'objets et description des verbes», *Langages*, n° 115, Larousse, Paris.

GROSS, G., 1994, «Connecteurs et traitement automatique», *TA-TAO: recherches de pointe et applications immédiates*, FMA, Beyrout et AUPELF-UREF (Québec).

GROSS, G., 1996, «Semantische Umgebung der Konnektoren», *Leuvense Bijdragen* n° 84, Leuven.

GROSS, G ., 1996, «Une typologie sémantique des connecteurs: l'exemple de la cause», *Studi italiani di linguistica teoretica e applicata,* XXV: 1, Pise.

GROSS, M., 1981, «Les bases empiriques de la notion de prédicat sémantique», *Langages*, n° 63, Larousse, Paris.

GROSS, M.,1986, *Grammaire transformationnelle du français. Syntaxe de l'adverbe*, Asstril, Paris.

HARRIS, Z.S., 1976, *Notes du cours de syntaxe*, Le Seuil, Paris.

KLEIBER, G., 1990, *La sémantique du prototype*, PUF, Paris.

MEL'CUK I., 1988, «Principes et critères de description dans le DEC», *DEC 2*, Les Presses de l'Université de Montréal.

VIVÈS, R., 1984, «L'aspect dans les constructions nominales prédicatives», *Linguisticae Investigationes VIII:1*, John Benjamins B.V., Amsterdam.

VON POLENZ, P., 1963, «Funktionsverben im heutigen Deutsch», *Wirkendes Wort*, Beiheft 5, Düsseldorf.

Annexe: Syntaxe du substantif *but* dans son emploi final

1. Changement de la préposition

dans le but de
avec le but de

2. Détermination du substantif dans la «locution»

a) Détermination cataphorique: la subordonnée peut être une infinitive, un nom prédicatif ou un adjectif (la subordonnée au subjonctif est interdite)

dans le but de réussir
dans le but avoué de réussir

dans un but de réussite
dans un but avoué de réussite
dans un but commercial, défensif, curatif

Les adjectifs qui peuvent accompagner le substantif *but* correspondent à des séries sémantiques. On trouve des adjectifs:

– locatifs: *lointain, éloigné*
– d'aveu ou non: *avoué, déclaré, affirmé, secret, caché*
– d'évidence: *manifeste, évident, visible*
– appréciatifs: *louable, condamnable, absurde, criminel*

b) Détermination anaphorique:

dans ce but
dans un tel but

dans un but pareil
dans un but de ce genre
dans un but similaire
dans le but qu'on vient de dire
dans un but identique

c) Autres déterminations:

Négative:

dans aucun but précis
dans nul autre but

Interrogative:

dans quel but?

Exclamative:

dans quel but!

Indéfinie

dans un certain but

3. Actualisation par verbe support: *avoir, avoir comme*

Il a fait cela dans le but de réussir
Il a fait cela. Il avait le but de réussir
Il a fait cela. Il avait comme but de réussir

4. Changements morphologiques

Contrairement à d'autres substantifs traduisant une finalité (*souhait, désir*), le substantif *but* n'est associé ni à une forme verbale ni à une forme adjectivale.

5. Verbes appropriés: *se fixer, se donner*, etc.

Il a fait cela. Il s'était fixé le but de réussir
Il a fait cela. Il s'était fixé comme but de réussir
Il a fait cela. Il s'était donné le but de réussir

Il a fait cela. Il s'était donné comme but de réussir

6. Verbes soulignant la valeur locative du substantif:

atteindre son but
rechercher un but
être (près, loin) de son but
aller à son but
se détourner de son but initial

7. Autres topicalisations

Il a fait cela dans le but de réussir
Réussir était le but qu'il avait en faisant cela
Le but qu'il avait en faisant cela était de réussir
Son but en faisant cela était de réussir

GASTON GROSS

À PROPOS DU DICTIONNAIRE HONGROIS-FRANÇAIS: LA DISTINCTION LEXIQUE-GRAMMAIRE DANS UN DICTIONNAIRE

Résumé

C'est une difficulté générale de la lexicographie que d'établir les limites du matériel lexical constituant le domaine propre d'un dictionnaire par rapport au matériel grammatical de la langue considérée, le lexique mettant lui-même en œuvre des éléments de caractère grammatical. La lexicographie bilingue comporte une difficulté propre qui résulte des différences de structure entre les deux langues mises en rapport dans un dictionnaire bilingue: des éléments qui, d'une langue à l'autre, se correspondent par le contenu (par ex. relateurs, marques personnelles, moyens d'expression des catégories) peuvent ne pas se situer au même niveau morphologique. Cette difficulté est illustrée par l'exemple de la lexicographie bilingue hongrois/français.

Summary

A general difficulty for lexicography concerns the boundaries between lexical and grammatical stocks, only the first being the field of dictionaries. For bilingual lexicography another problem arises, due to the more or less significant structural discrepancies between the two languages connected in a bilingual dictionary: the morphological elements used to express corresponding categories (e.g. person markers, verbal moods and voices) do not belong to the same morphological level or type (e.g. endings/determiners preceding verbs or names, suffixes/auxiliaries, suffixes/prepositions). This specific difficulty is illustrated by some concrete examples borrowed from Hungarian-French lexicography.

1. L'élaboration d'un dictionnaire pose toujours des problèmes de délimitation des unités qui doivent fournir les articles, et l'un des plus délicats tient à la difficulté de tracer une frontière entre le domaine de lexique, auquel est consacré traditionnellement le dictionnaire, et le domaine de la grammaire, dont les unités sont décrites dans d'autres types d'ouvrages. Ce problème ne peut que se présenter sous une forme aggravée dans le cas d'un dictionnaire bilingue en raison des divergences qui peuvent exister entre les deux langues concernées: les différences de structure qui les séparent peuvent avoir pour conséquence que les unités pour lesquelles se pose la question de l'appartenance au lexique ou à la grammaire ne sont pas représentées par des éléments de la même classe morphologique, de sorte que la délimitation des deux domaines risque de se faire de façon différente dans les deux langues, situation entraînant pour des éléments de fonction équivalente un traitement différent dans les deux parties du dictionnaire bilingue (langue A → langue B et langue B → langue A).

2. Le problème général de la discrimination entre les domaines respectifs de la grammaire et du lexique ne sera pas repris ici, où l'accent sera mis sur les difficultés propres à la lexicographie bilingue, illustrées par l'exemple des dictionnaires hongrois-français et français-hongrois. On se bornera à rappeler la constatation banale que la constitution des unités lexicales met en jeu toute une grammaire, en faisant intervenir des éléments de dérivation qui sont des morphèmes présentant des traits communs avec ceux qui constituent le matériel grammatical, et aussi en pratiquant la combinaison d'unités lexicales en unités complexes selon des règles bien définies de «composition». Les dictionnaires ne recensent généralement pas les outils de dérivation (présentés éventuellement dans des annexes), exclus de leurs articles parce qu'ils n'assument pas par eux-mêmes une fonction de désignation et n'ont pas un statut de «mots». Ils réservent donc leurs articles aux mots produits par la dérivation (et par la composition), mais là intervient une autre difficulté, liée au fait que si la dérivation fournit au lexique de nouveaux «mots», sa fonction n'est pas purement lexicale: elle est aussi syntaxique dans la mesure où la dérivation réalise des opérations de translation de classe à classe: substantifs dérivés de verbes ou d'adjectifs, adjectifs tirés de substantifs etc. Or, dans la mesure où cette fonction syntaxique peut, à la limite, jouer seule, sans affecter le sémantisme du mot de base, la présentation du dérivé dans un dictionnaire peut sembler dépourvue d'intérêt où, en tout cas, ne valoir que pour signaler l'existence même du mot et sa forme, ce qui ne justifie pas nécessairement une entrée propre. La question se pose particulièrement dans le cas des dérivations très productives: si par exemple sur base verbale une langue possède une formation de noms d'action pratiquement généralisée, le souci d'économie peut conduire à ne signaler ces noms que dans les articles consacrés aux verbes dont ils dérivent et uniquement pour en donner la forme et rendre compte d'emplois spécifiques distincts de leur fonctionnement comme déverbaux. Dans un dictionnaire du français, où la seule formation adverbiale vivante est la suffixation en *-ment*, la même observation peut conduire à ne mentionner les adverbes en *-ment* que dans les articles consacrés aux adjectifs dont ils dérivent et pour ne mentionner que les emplois manifestant une spécification sémantique et non la pure et simple adverbialisation de l'adjectif. Plutôt que de retenir une entrée comme «*Magistralement.* De façon magistrale» ou encore «*Inlassablement.* De façon inlassable» (exemples empruntés au *Petit Larousse* 1998), il suffirait d'une simple mention de l'existence de l'adverbe dans l'article consacré à l'adjectif.

Il faut d'ailleurs reconnaître que c'est un cas limite, où un type de translation est réalisé par un élément de dérivation unique. En général, la translation d'une classe donnée à une autre classe de mots est opérée par un ensemble de moyens de dérivation et à l'opération syntaxique se combine l'organisation d'un paradigme, avec des réalisations sémantiques complexes des oppositions entre les termes de ce paradigme (en français *prolongation/prolongement, étalement/étalage*, etc.). Les dérivés donnent alors lieu à une analyse de leurs emplois qui justifie qu'on les traite comme des entrées dans le dictionnaire.

En hongrois, l'adjectivation à partir d'une base nominale est réalisée par un paradigme de suffixes en nombre très restreint; le suffixe d'emploi le plus large est *-i* (*tenger* «mer», *tengeri* «maritime»; *kéz* «main», *kézi* «manuel», etc.), mais à partir d'un même substantif peuvent être formés plusieurs adjectifs: de *víz* «eau» dérivent *vízi* «d'eau», «fluvial», «maritime» et *vizes* «mouillé», «humide», avec un suffixe *-es* qui fournit un qualificatif impliquant une présence d'eau plutôt qu'une appartenance pure et simple au domaine de l'eau; ce suffixe peut d'ailleurs se présenter associé à *-i*: de *ember* dérivent *emberi* «de l'homme» et *emberies* «humain», «humanitaire».

Le mode d'insertion des dérivés dans le dictionnaire d'une langue doit être déterminé en fonction de la situation lexicale propre à cette langue, un critère d'économie intervenant normalement pour éviter les entrées inutiles, sans pour autant compliquer la consultation de l'ouvrage.

Dans une langue comme le hongrois, le problème de la sélection des entrées concerne également d'autres types d'unités lexicales complexes, essentiellement deux: les composés associant deux unités qui fonctionnent par ailleurs comme unités autonomes, et les formations, généralement traitées comme relevant aussi de la composition, qui comportent un préverbe.

Dans le premier cas, le composé associe les deux éléments selon l'ordre obligatoire déterminant-déterminé (*táncterem* «salle (*terem*) de danse (*tánc*)», *zsebkendő* «mouchoir» (*zseb* «poche», *kendő* «morceau d'étoffe»), type très productif, qui impose une sélection dans les dictionnaires selon leur importance et leur destination.

Dans le second cas, le préverbe qui fournit le premier élément est de structure variable: particule non analysable (*be-*: mouvement d'entrée; *ki-*: mouvement de sortie; *fel-*: mouvement vers le haut; *le-*: mouvement vers le bas; *el-*: mouvement d'éloignement; *meg-:* retour, ou — le plus souvent — valeur de type perfectif, acte bouclé opposé à activité ouverte) ou forme casuelle (*hátra-*, sublatif en *-ra* de *hát* «dos» + *hagy* «laisser»: *hátrahagy* «laisser derrière soi») ou forme possessivée de relateur, qu'il s'agisse d'une marque casuelle (*neki-*, poss. 3° pers. sur base *-nak/-nek,* suffixe de datif, «à lui/elle»: *nekiront* «tomber, se ruer sur qqn», de *ront* «foncer, se ruer») ou d'une postposition (*utána-*, poss. 3° pers. sur base *után* «après»: *utánajár* «courir après qqn», de *jár* «marcher, aller»).

Le mode de fonctionnement des préverbes en hongrois leur confère beaucoup plus d'autonomie que n'en ont les suffixes (mis à part les cas où les morphèmes qui fournissent les suffixes casuels servent de base à une possessivation: voir sous 3.2); ils peuvent notamment être disjoints du verbe par un auxiliaire (*el kell mennem* «il faut que je parte»: *elmennem* «mon partir», forme possessivée de l'infinitif du verbe «aller» précédé du préverbe *el,* a ses deux éléments dissociés par le modal *kell* «il faut») et ils peuvent aussi être rejetés derrière le verbe si la place occupée normalement par le préverbe est cédée à un autre constituant de la phrase ainsi mis en vedette. Ils peuvent enfin fonctionner seuls, sans la forme verbale, dans des réponses. En dépit de cette autonomie du préverbe, la pratique ordinaire des dictionnaires ne leur accorde une entrée que de façon très restrictive, principalement quand ils fonctionnent comme prédicats dans les injonctions: *le a haborúval* «à bas la guerre» (litt. «à bas avec la guerre»), *ki vele* «dehors» (litt. «dehors avec lui») ou des énoncés elliptiques: *le-fel, fel-le* «il monte et il descend». Un cas intéressant est celui de *meg*, préverbe très important, assez pour que les verbes préverbés par *meg-* s'étalent dans le dictionnaire hongrois-français de Eckhardt sur 75 pages (plus de 3% de l'ouvrage) qu'ils occupent presque entièrement à eux seuls, et dans celui de Sauvageot sur près de 3% de l'ensemble. Ce préverbe ne fonctionnant pas isolément (dans les conditions qui viennent d'être indiquées pour d'autres), aucun des deux dictionnaires cités ne lui consacre une entrée. Dans beaucoup de cas, la valeur aspectuelle que ce préverbe confère au verbe n'ayant pas d'expression dans la traduction française, l'auteur du dictionnaire cite le verbe préverbé, mais renvoie à l'article consacré au verbe simple; dans d'autres cas, il traduit par le(s) même(s) équivalent(s) français le verbe simple et le verbe à préverbe *meg-*. Sur ce point comme sur d'autres, la pratique lexicographique reste flottante et réglée plutôt par une appréciation subjective de chaque cas que par des choix méthodologiques délibérés.

3. Dans le cas de la lexicographie bilingue, des problèmes spécifiques résultent des différences de structure entre les deux langues, problèmes qui peuvent être illustrés par les difficultés rencontrées dans le traitement du matériel lexical que doit présenter un dictionnaire bilingue hongrois-français et français-hongrois. Un nouveau dictionnaire est en cours d'élaboration dans deux ateliers dont l'un travaille en France sur la partie hongrois-français et l'autre en Hongrie sur la partie français-hongrois. La préparation de ce programme lexicographique a été l'occasion de mettre en évidence les dissymétries entre les deux parties dans les dictionnaires existants.

Pour l'essentiel, ces dissymétries traduisent la non-correspondance du statut morphologique que chacune de ces deux langues confère à des éléments de contenu analogue, le contraste entre les deux langues étant lié à ce qu'une terminologie traditionnelle exprime en caractérisant le hongrois comme «agglutinant» en face du français à tendance «analytique».

On examinera ici quelques points qui font apparaître de façon particulièrement nette les situations de dissymétrie entre les deux langues et leurs conséquences pour les dictionnaires bilingues. Il faut d'ailleurs observer que sur un point où les deux langues présentent un moyen d'expression analogue, le parallélisme apparent du traitement dans les deux parties du dictionnaire masque une différence importante. Il s'agit du cas des articles: le hongrois, contrairement à d'autres langues ouraliennes (le finnois, entre autres), s'est doté d'articles: article défini *a(z)* «le, la, les», article indéfini *egy* «un(e)» (= nom de nombre «un»); mais la place occupée dans le système des spécificateurs français par *du, de la* et *des* est conservée en hongrois par l'article zéro, dont le rôle est en français très limité, alors qu'en hongrois il est très important, couvrant aussi une partie du champ occupé par l'article indéfini du français (avec *könyv* «livre», accusatif *könyvet: könyvet olvastam* «j'ai lu un livre», *könyveket olvastam* «j'ai lu des livres»; au singulier, *egy* ne viendra déterminer *könyv* que si le locuteur mentionne un livre particulier, et non le fait qu'il s'agit d'un livre et non d'un autre objet de lecture). Ainsi le dictionnaire s'aventure sur le terrain de la grammaire en traitant les articles comme des entrées, mais un élément zéro, qui en grammaire peut constituer une pièce essentielle d'un système, est par nature exclu de la liste alphabétique... L'inconvénient est mince en français, très sérieux en hongrois. Faudrait-il pour autant renoncer à intégrer les articles aux entrées du dictionnaire hongrois-français? Non, car alors on perdrait la possibilité de faire apparaître, pour les articles que le hongrois possède, les divergences qui se présentent, par rapport à leurs homologues français, dans leurs conditions d'emploi.

3.1. Les marques de référence personnelle

Dans la conjugaison, le français a recours à des «pronoms» antéposés, éventuellement combinés à des désinences; ces «pronoms», de forme partiellement distincte (*je, tu, il, ils*) de celles des vrais pronoms (*moi, toi, lui, eux*, formes fortes utilisées notamment avec les prépositions), sont en réalité des indices actanciels liés à la forme verbale, mais séparables de cette forme et pour cette raison non soudés dans l'écriture; les dictionnaires français les enregistrent, et de même les bilingues français-hongrois. En hongrois, les indices équivalents sont suffixés au thème verbal, et forment plus précisément une double série d'indices suffixés qui fournit la «double conjugaison»: conjugaison subjective (référence à l'actant sujet uniquement) et conjugaison objective (référence double à signifiant le plus souvent non décomposable en deux indices: sujet + objet défini). Le dictionnaire français-hongrois consacre des entrées aux «pronoms sujets» du français, ce qui présente un intérêt particulier pour la troisième personne, compte tenu des emplois particuliers de *il*, qui n'est pas toujours porteur de référence actancielle réelle. mais les articles *je, tu, il...*, curieusement, ne comportent nullement l'indication, ni directe, ni par le biais d'énoncés avec ou sans objet défini, du choix à faire en hongrois entre l'une et l'autre des deux séries de désinences. L'abstention, sur ce point, est commune aux deux grands dictionnaires. Pourquoi alors ne pas renoncer à des articles qui restent inutilisables dans leur état lacunaire, et ne pas abandonner à la grammaire des éléments qui y ont leur vraie place, ou ne pas limiter les articles consacrés aux «pronoms-sujets» à quelques emplois très particuliers comme *je soussigné, être à tu et à toi,* etc.?

Quant à la possessivation des noms, même observation: aux adjectifs possessifs du français répondent les suffixes possessifs du hongrois, qui sont en partie les mêmes marques personnelles que la conjugaison utilise, l'existence du double ensemble de formes verbales personnelles imposant un nombre plus important de marques. Ici encore, le dictionnaire français-hongrois présente les adjectifs possessifs français, tandis que les suffixes hongrois ne sont pas enregistrés dans le dictionnaire hongrois-français. Or, s'il est important que soit présenté, hors grammaire, un emploi particulier du possessif français comme celui de *son* dans *faire son droit* (en hongrois *elvégzi a jogot* «il fait le droit») ou dans *il possède son Homère* (*kitűnően ismeri Homéroszt* «il connaît remarquablement Homère»), il ne serait pas moins utile, dans le dictionnaire hongrois-français, si l'on y disposait d'un article consacré aux suffixes possessifs de troisième personne, de signaler un emploi comme celui qui fournit un équivalent pour *il y a* [espace de temps] *que..., cela fait* [espace de temps] *que...*: *tíz éve (hogy) nem láttam,* litt. «dix années-POS 3 (que) je n'ai/ne l'ai pas vu» (pour l'emploi du possessif, cf en français le tour avec *de: il y a 10 ans de cela*).

3.2. Les marques casuelles

Au traitement des prépositions dans la partie français-hongrois s'oppose l'absence d'articles consacrés aux suffixes casuels hongrois dans la partie hongrois-français: ici de nouveau la plus grande autonomie des prépositions, non soudées aux noms en français, amène à leur consacrer des articles, tandis qu'un dictionnaire partant du hongrois exclut ces éléments conjoints que sont les suffixes casuels.

On constate pourtant quelques traitements particuliers, concernant les formes possessivées de ces mêmes relateurs, qui, à côté de leur fonctionnement suffixal, fournissent les bases de formes possessivées qui équivalent à des pronoms pourvus de relateurs. Ainsi *vele* «avec lui/elle» est formé par suffixation possessive d'une base *vel-* qui est l'une des deux formes du suffixe *-val/-vel* de sociatif («avec»). Cette forme *vele*, précisément, est traitée comme une entrée dans les deux grands dictionnaires hongrois-français; cette situation exceptionnelle semble avoir pour but de présenter certains emplois particuliers, de type plus ou moins nettement idiomatique, de *vele*, comme *mi van vele?* (litt. «qu'y a-t-il avec lui/elle?») «qu'a-t-il/elle?», «qu'est-ce qui lui arrive?» On trouvera même pour un autre relateur, représenté dans les formes casuelles par le datif *-nak/-nek*, les formes possessivées des trois personnes traitées comme des entrées: *nekem* «à moi», *neked* «à toi», *neki* «à lui/elle»; la raison ici est à chercher dans le souci de signaler les formes particulières qui peuvent apparaître en français au lieu de *à* + forme forte du pronom: *me, te, lui* (*il me/te/lui parle*).

Les relateurs hongrois sont représentés, outre les suffixes casuels, par des postpositions, qui ne sont pas soudées au nom qu'elles suivent et dont la plus grande autonomie se manifeste, chez certaines, par le fait qu'elles apparaissent sous plusieurs formes s'opposant par une marque casuelle, c'est-à-dire se présentent comme des bases lexicales n'existant que pourvues de marques casuelles, limitées à trois, l'une de valeur statique (locatif) les deux autres de valeur dynamique (mouvement vers, mouvement à partir de): *alatt* «sous» (locatif), *alá* «sous (mouvement vers le dessous)», *alól* «de dessous». Ces postpositions, elles, sont admises comme des entrées de dictionnaire (Eckhardt a même trois entrées distinctes pour les trois formes à base *al-*), situation privilégiée qui vaut aussi pour les postpositions à forme unique, comme *után* «après».

3.3. La suffixation verbale non personnelle

La suffixation fournit à la morphologie verbale des moyens d'expression correspondant a des catégories diverses: ils intéressent les modes et modalités, l'aspect, la diathèse.

Ces suffixes, qui, dans les formes personnelles des séries verbales qu'ils servent à constituer, s'insèrent entre les bases lexicales et les marques personnelles et sont donc le plus souvent des morphèmes placés à l'intérieur des formes verbales, ne sont pas inclus dans les articles des dictionnaires hongrois, ce qui, dans un dictionnaire bilingue associant hongrois et français, constitue encore une source de disparité entre les deux parties français-hongrois et hongrois-français, dans le mesure où le français a pour équivalent, dans bon nombre de cas, divers types d'auxiliaires, présentés dans les dictionnaires français-hongrois.

Ainsi pour le factitif: à l'emploi de l'auxiliaire *faire* en français répond en hongrois un suffixe *-at-/-et-*, *-tat-/-tet: csinál* «faire», *csináltat* «faire faire» . Une exception à signaler, dont l'explication n'apparaît pas: le dictionnaire Eckhardt donne à son rang alphabétique *-hat, -het* «pouvoir»; «être de nature à», en signalant qu'il s'agit d'un affixe (*rag*) et que les équivalents français indiqués sont suivis de l'infinitif; aucun exemple n'est fourni.

4. Il faut aussi mentionner un autre type de faits caractéristiques de la pratique lexicographique appliquée au hongrois et plus précisément aux dictionnaires bilingues hongrois-français.

Il ne s'agit plus de dissymétrie dans le traitement de matériaux équivalents, mais morphologiquement de nature différente dans les deux langues.

Il s'agit de cas où un dictionnaire partant du hongrois admet dans ses entrées des mots qui n'existent pas en tant qu'unités lexicales, mais qui ont l'apparence de dérivés entrant dans les formations produisant des mots hongrois. On relève ainsi chez Eckhardt un mot *akaratú* dont l'article est ainsi conçu:

> ***akaratú*** [*-ak, -t*], qui a de la volonté (ne s'emploie guère qu'en composition): *jó ember* un homme bienveillant, de bonne volonté; *gyenge akaratú* qui est faible de volonté; *erős akaratú ember* un homme de forte volonté, qui a de la volonté.

Cette forme *akaratú* se présente comme constituée du substantif *akarat* «volonté» suivie d'un suffixe *-ú* qui se retrouve dans certains adjectifs (*lassú* «lent», *hosszú* «long», *könnyű* «facile»), mais n'est plus aujourd'hui un formant productif. S'il y a bien ici une fonction adjectivante de *-ú*, l'adjectivation que ce suffixe réalise affecte non pas le mot *akarat*, mais le syntagme nominal épithète substantif, par exemple, *erős akarat* «forte volonté» pour donner à ce syntagme une fonction épithétique dans un nouveau syntagme nominal dont le noyau est, dans les exemples cités, le substantif *ember* «homme». La cohésion de l'adjectif et du substantif qui reçoit le translateur *-ú* peut d'ailleurs être soulignée par une graphie sans blanc entre les deux mots, ce qui est le cas pour *jóakaratú,* bloc favorisé par le caractère déjà fortement lexicalisé de *jó akarat*, syntagme écrit lui-même en un seul mot *jóakarat* «bonne volonté».

Eckhardt donne de la même façon d'autres mots en *-ú*/*-ű* qui sont en réalité des noyaux de syntagmes adjectivisés: ainsi *arcú*, de *arc* «visage», dont l'article ne propose aucune traduction, et il fournit seulement des exemples de syntagmes comme *szép arcú* «de belle mine».

Une situation analogue se présente pour d'autres formes à suffixe adjectivant *-i* ou *-s*: ainsi *kilós*, donné avec pour traduction «d'un poids de...», ce qui suppose la présence devant *kiló* d'une indication quantitative, *-s* ayant pour fonction d'adjectiver le syntagme ainsi constitué pour en faire l'épithète d'un autre substantif.[1] Quant au suffixe *-i*, ou le trouve dans une fonction de même type, mais appliquée à un autre modèle de syntagme: un modèle substantif-postposition. Ainsi *alatt* «sous», postposition déjà mentionnée, fournit une forme *alatti* retenue chez Eckhardt comme entrée du dictionnaire hongrois-français et traduite par «de dessous qc»: ici encore le suffixe (*-i*) sert à adjectiver un syntagme tel que (exemple emprunté à Eckhardt) *a vár alatt* «sous le château», pour en faire une

1. Les conditions dans lesquelles un syntagme nominal épithète-nom est adjectivé par *-s* ou par *-ú*/*-ű* ont été étudiées par D. Creissels (voir référence en fin d'article) qui a vu dans la concurrence des deux suffixes une manifestation de la distinction aliénable/inaliénable; *szép arcú leány* «une fille de belle mine» représenterait une appartenance inaliénable en face de *piros ruhás leány* «une fille à robe rouge» avec *-s* appliqué à une robe (*ruha*), possession aliénable.

épithète dans un nouveau syntagme *a vár alatti folyosók* «les galeries situées sous le château». Le cas de ces suffixes *-i* et *-s* est cependant distinct de celui de *-ú/-ű*: ce dernier n'est pas productif d'adjectifs dans la langue d'aujourd'hui et n'adjectivise que les syntagmes du type indiqué ici, alors que *-i* et *-s* sont des instruments de dérivation fournissant des adjectifs à partir de simples noms à côté de l'adjectivation de syntagmes; mais la dérivation en *-i* apparaît, dans le cas de *alatti*, comme un modèle spécifiquement lié aux syntagmes nom-relateur (le relateur étant ici une postposition).

5. Il est difficile pour les lexicographes d'apporter une solution satisfaisante aux problèmes qui viennent d'être évoqués. Un dictionnaire n'est pas destiné à présenter le lexique d'une langue dans ses structures: ce n'est pas un ouvrage de linguistique traitant du lexique d'une langue. Encore faut-il, quelles que soient les préoccupations pratiques des auteurs, soucieux de fournir aux usagers un ouvrage offrant les meilleures conditions de consultation, que les dispositions adoptées ne présentent pas le matériel lexical d'une manière qui risque de fausser l'image des structures. En ce qui concerne la lexicographie bilingue, les faits de dissymétrie qui ont été illustrés ici par quelques exemples sont au total assez nombreux, dans le cas du hongrois et du français, pour imposer une réflexion sur le traitement auquel il convient de les soumettre dans un dictionnaire bilingue. Ce n'est qu'à partir d'une réflexion approfondie sur ces phénomènes qu'on peut élaborer une pratique cohérente et concilier exigences théoriques et considérations pratiques.

JEAN PERROT
École Pratique des Hautes Études (IV° section)
Centre Interuniversitaire d'Études Hongroises (Paris III)

RÉFÉRENCES BIBLIOGRAPHIQUES

Dictionnaires hongrois-français cités:

ECKHARDT, Sándor: *Magyar-francia szótár*, Budapest 1958.
SAUVAGEOT, Aurélien: *Francia-magyar és magyar-francia nagy kéziszótár,* IIème partie *Magyar-francia*, Budapest 1937.

Études concernant le problème «lexique et grammaire» envisagé en hongrois et du point de vue contrastif hongrois/français:

les textes de plusieurs contributions à un colloque consacré à ce problème ont été réunis dans les *Cahiers d'études hongroises*, n° 7/1995, p. 87-118.

Sur l'adjectivation de syntagmes nominaux:

CREISSELS, Denis: Note sur la distinction aliénable-inaliénable dans l'expression de la possession en hongrois, dans *Études finno-ougriennes*, XII/1975, 151-167.

PERSPECTIVES EN LEXICOGRAPHIE INFORMATISÉE

L'EXPÉRIENCE DU *DMF* (*Dictionnaire du Moyen Français*)

Résumé

Les techniques informatiques apportent en lexicographie un renouveau considérable. Les perspectives ouvertes touchent l'élaboration documentaire, la méthodologie rédactionnelle et, plus généralement, les conceptions et les finalités lexicographiques.

Ces différents aspects sont évoqués à partir de l'expérience actuellement conduite à l'Institut National de la Langue Française (CNRS) en vue d'un Dictionnaire du Moyen Français.

Une annexe produit un article-témoin (l'article abréger*), ainsi que le balisage de son début.*

Zusammenfassung

Die EDV-Techniken haben die Lexikographie in bedeutendem Maß erneuert. Die eröffneten Perspektiven betreffen die Bereitstellung der Dokumente, die redaktionelle Methodologie und, ganz allgemein, die lexikographischen Konzeptionen und Finalitäten.

Diese verschiedenen Aspekte werden am Beispiel des gegenwärtig am Institut National de la Langue Française (CNRS) geführten Projekts eines Dictionnaire du Moyen Français aufgezeigt.

*Der Anhang enthält einen Beispielartikel (*abréger*), sowie die Kodierung des Artikelanfangs.*

Les techniques informatiques apportent en lexicographie un renouveau considérable. Les perspectives ouvertes touchent l'*élaboration documentaire* des dictionnaires, la *méthodologie rédactionnelle* et même les *conceptions lexicographiques* mises en oeuvre. C'est ce que je voudrais montrer à partir de l'expérience actuellement conduite à l'INaLF (Institut National de la Langue Française, CNRS) en vue d'un *Dictionnaire du Moyen Français* (*DMF*).

Le *DMF* porte sur la période du français qui va du début de la Guerre de Cent ans (date initiale choisie: 1330) jusqu'aux Guerres d'Italie (date retenue: 1500); il doit combler la lacune qui sépare, en lexicographie française, les ouvrages qui portent sur l'ancien français (des premiers textes au début du XIVe siècle) et le Dictionnaire de Huguet (XVIe siècle); certes, le Dictionnaire de Godefroy apporte, sur le moyen français, une documentation importante; mais, rassemblée à la fin du XIXe siècle, elle a forcément vieilli; le *FEW* (*Französisches Etymologisches Wörterbuch*, W. v. Wartburg) comporte aussi de multiples données, mais éparses sous des étymons et sans références explicites. Il faut ajouter surtout que les techniques actuelles de la lexicographie permettent de donner du moyen français une image rénovée: on trouvera en Annexe, à titre d'exemple, un article témoin du *DMF*, celui du verbe *abréger*; on y verra que la finalité est de fournir, sur un état de langue ancien, une présentation linguistiquement aussi élaborée que celle offerte par les dictionnaires de la langue moderne et contemporaine, tout particulièrement par le *Trésor de la langue française* (*TLF*).

On sait que le *TLF* lui-même est en cours d'informatisation[1]; mais une différence fondamentale en sépare les techniques de celles du *DMF*. Comme le *Oxford English Dictionary* (*OED*)[2], modèle en la matière, informatisé dans sa première version dès 1987, le *TLF* a été élaboré comme un «dictionnaire-papier»; c'est après coup seulement, par des procédures coûteuses de «rétroconversion», que les structures typographiques sont converties, moyennant des grammaires complexes (et aussi pas mal d'interventions humaines), en structures logiques accessibles aux calculs informatiques. Le *DMF* au contraire s'élabore d'emblée comme un dictionnaire à double vocation: celle d'une version éditoriale sur papier (réalisée à la fin de la rédaction) et celle d'une version électronique progressivement enrichie[3]. Voyons donc avec un peu de détail comment s'organise en l'occurrence la relation étroite de l'informatique et de la lexicographie.

1. *Cf. Lexicographie et informatique. Autour de l'informatisation du Trésor de la Langue Française.* Actes du Colloque International de Nancy (29, 30, 31 mai 1995) publiés par David Piotrowski, Paris, INaLF, Didier-Érudition, 1996. *Cf.* aussi *Les Dictionnaires de langue française et l'informatique,* Actes de la «Journée des dictionnaires» de 1996, publiés par Jean Pruvost (Université de Cergy-Pontoise).

2. *Cf.*, notamment, dans *Lexicographie et informatique*, la présentation de Timothy Benbow (pp. 153-161).

3. Le *DMF* procède aussi, pour une petite partie, par rétroconversion: différents lexiques préalables sont en effet publiés par l'INaLF; ils sont balisés a posteriori; la relative simplicité de leur structure fait que la rétroconversion en est aisée.

Quatre lexiques préalables sont dès à présent publiés (diffusés par la Librairie Klincksieck); ils sont aussi librement accessibles sur Internet. Quatre autres sont quasiment prêts (collection Matériaux pour le *Dictionnaire du Moyen Français*).

Lexiques publiés:

- Lexique de Chroniqueurs français (XIVe siècle — début du XVe siècle) par Denis Lalande, 1995
- Lexique des *Miracles Nostre Dame par personnages* par Pierre Kunstmann, 1996
- Lexique des *Cent nouvelles nouvelles* par Roger Dubuis, 1996
- Lexique de la langue scientifique (Astrologie, Mathématiques, Médecine) par Danièle Jacquart, Claude Thomasset et al.

I. L'INFORMATIQUE ET L'ÉLABORATION DOCUMENTAIRE

L'informatique apporte avant toute chose une aide irremplaçable dans l'élaboration documentaire. Ce n'est plus une nouveauté et je passerai assez vite sur ce point.

En lexicographie française, il faut tout de même rappeler le rôle important à cet égard du *TLF* et de son initiateur, Paul Imbs. Dès 1964, a été installé à Nancy un ordinateur puissant (un Bull «Gamma 60») qui a été le point de départ de la Base appelée aujourd'hui Frantext (quelque deux cents millions d'occurrences de textes français en ligne): les exemples du *TLF* viennent de cette Base qui comptait dès le début de la rédaction, en 1970, près de la moitié du total actuel.

L'évolution considérable des techniques informatiques et aussi l'expérience acquise grâce au *TLF* permettent aujourd'hui de concevoir de manière plus efficace la phase documentaire.

Une base textuelle de moyen français a été constituée: elle comporte actuellement une cinquantaine d'ouvrages intégralement saisis et soigneusement relus[4] qui fournissent un total de quelque sept millions d'occurrences. C'est peu en comparaison du *TLF*, mais c'est largement suffisant — à condition de la compléter par d'autres voies. Le rôle de la Base textuelle est de fournir de façon commode et systématiquement exploitable les faits les plus représentatifs. On connaît depuis longtemps les courbes d'accroissement du vocabulaire: à partir d'un certain volume, les textes nouveaux n'apportent plus qu'une proportion très faible de faits non encore illustrés. Dans une visée lexicographique, plutôt que de donner à la Base textuelle une ampleur gigantesque, il est indéniablement plus efficace de la compléter par des saisies partielles, sélectivement opérées par les experts du domaine.

En raison de ce choix documentaire, le *DMF* dispose de quatre types de sources:

- la Base textuelle de textes intégraux, représentatifs des principaux aspects du moyen français (textes de théâtre, religieux et profane; textes poétiques; romans, nouvelles, textes plus anciens mis en prose, chansons de geste tardives; chroniques et pièces justificatives; chartes, comptes et inventaires; textes techniques ou scientifiques enfin, de différents domaines, la médecine ou l'astronomie, mais aussi la chasse ou l'héraldique);
- une Base (informatisée) d'exemples recueillis par la lecture sélective d'un grand nombre de textes (plus de six cents); cette Base constitue à son tour une Base textuelle où l'on peut puiser non seulement les occur-

4. Le DMF étant en chantier, cette Base n'est pas encore intégrée dans Frantext. Elle le sera quand la série des Lexiques préalables sera entièrement publiée. À partir d'ouvrages récents, on peut procéder par lecture optique; mais il y faut bien entendu une relecture minutieuse.

rences qui ont motivé la sélection, mais aussi n'importe quelle occurrence du voisinage;

- un «Glossaire des glossaires» lui aussi informatisé: il s'agit d'une table lemmatisée de toutes les entrées que comportent les glossaires d'éditions critiques; c'est là une source particulièrement importante; des dossiers ont été artisanalement constitués qui recueillent, vocable par vocable, les pages photocopiées du texte auxquelles le glossaire renvoie;
- enfin, un ensemble de données non informatisées viennent du dépouillement systématique des revues et des principales études sur le vocabulaire de l'époque.

Voilà pour les gisements; une double innovation, comparativement au *TLF*, en facilite l'exploitation:

- les exemples du *DMF*, dans la mesure où ils viennent de la Base textuelle ou de la Base des «partiels», ne sont jamais recopiés: ils entrent dans le *DMF* par la procédure désormais banale du «coupé-collé»; c'est là une facilité considérable: plus de collationnement nécessaire, le rédacteur concentre toute son attention sur l'interprétation et la juste place donnée à la citation en cause; déplacement éventuel de l'exemple en toute facilité; introduction possible de commentaires (au *DMF* entre crochets), sans que le texte soit en rien perturbé;
- l'autre innovation, elle aussi décisive, est que la bibliographie informatisée des textes permet d'appeler, pour chaque exemple cité, une référence abrégée immuable, complétée seulement par le n° de page qui convient: il suffit de taper les deux ou trois premières lettres pour que s'affichent les références qui commencent ainsi et de «cliquer» sur celle qui convient; le reste se met en place automatiquement.

II. L'INFORMATIQUE ET LA MÉTHODOLOGIE RÉDACTIONNELLE

On en vient ainsi à la rédaction elle-même et à la saisie des données.

Disons d'entrée qu'un dictionnaire ne peut être valablement dit «informatisé» qu'aux conditions suivantes:

- l'ensemble du texte lexicographique est accessible sur un support électronique[5];
- tous les objets du dictionnaire sont rigoureusement balisés et conséquemment reconnaissables;
- la portée de chaque objet est strictement définie.

5. Pour le *TLF*, on dispose, à partir du tome 9, des bandes de photocomposition; pour les tomes 1 à 8, grâce à une convention avec la Bibliothèque nationale de France, on procède à une nouvelle saisie; le *TLF*, entièrement informatisé, devrait être disponible en 1999.

Supposons que sous le mot *puce*, un dictionnaire moderne définisse un sens en typographie et l'illustre d'exemples. Dans la suite

TYPOGR. «Signe ayant la forme d'un petit rond plein...» exemple 1 /exemple 2

les objets sont reconnus comme:

INDICATEUR DE DOMAINE	DÉFINITION	EXEMPLE
<DOM>	<DEF>	<EXE>

et la portée de l'indicateur *TYPOGR.* couvre la définition et les exemples qui la suivent.

Forts de ces principes, nous allons présenter au moins sommairement le balisage du *DMF*, les procédures de leur introduction et leur répercussion sur la méthodologie rédactionnelle (contrôles de cohérence, gestion lexicographique, facilicités qu'offre l'informatique dans les mises à jour et dans l'extraction de données).

A. Le balisage

Impossible de présenter ici l'ensemble des balises[6]; on se bornera aux types principaux, aux classes de balises si l'on préfère. Le début de l'article *abréger*, entièrement balisé, se trouve en Annexe:

<ART> («article»): ouvre et ferme l'article de dictionnaire, unité maximale du texte lexicographique

<VED> («vedette»): repère le lemme; automatiquement suivi de <CODE> qui balise le code grammatical attaché au lemme

<DICT> («dictionnaires»): cette balise introduit un champ, lui-même balisé, où le vocable est mis en relation avec les dictionnaires régulièrement utilisés

(T-L, Tobler-Lommatzsch
GD, Godefroy
GDC, Complément du Godefroy
FEW
TLF)

Une sous-balise particulièrement importante de ce champ est celle qui repère l'étymon du FEW: l'accès étymologique du *DMF* est ainsi garanti.

<NUM> («numérotation»): cette balise repère la structure de l'article

<DEF> («définition»): deux sortes de définitions sont distinguées, selon qu'elles sont élaborées par le rédacteur ou bien empruntées; dans le second cas, une autre balise encadre les références de la source

6. J.-Y. Hamon, informaticien à l'INaLF, est l'auteur du système de balises *DMF*: il l'a présenté dans un document interne en décembre 1996.

<EMPL> («conditions d'emploi»): on repère ainsi l'ensemble des conditions contextuelles qui doivent être remplies pour que l'acception définie se réalise (par exemple sous I A 1 a de *abréger*, le fait que le complément désigne «un état ou une action», ou bien «un mal», ou encore «la durée elle-même»)

<VAL> («valeur»): cette balise repère des informations (mises entre parenthèses dans le *DMF*) qui précisent des oppositions de sens (sous *colon*, issu de *columbus* «pigeon voyageur», par opposition au pigeon de colombier ou *colon ramier*, *colon ramage* «pigeon sauvage») ou bien des valeurs symboliques (sous *colon*, «comme symbole d'innocence» ou encore «dans la représentation du Saint-Esprit»)

<IND> rassemble différentes sous-classes de balises
<IGRA> indicateur grammatical (par exemple Empl. trans.)
<ISTY> indicateur stylistique (par exemple Argot)
<ISEM> indicateur sémantique (par exemple P. méton.)

<LOC> repère les locutions (syntagmes non compositionnels, obligatoirement suivis de définition)

<SYNT> («syntagmes»): collocations fréquentes, compositionnelles, non définies

<CST> («construction»). Ex.: *abréger qqc./abréger qqn.*

<SYN> («synonyme»)

<DOM> («domaine»). Ex.: *CHASSE, HÉRALD., MÉD.* ...

<EXE> Dans le champ des exemples, <OCC> («occurrence») repère le mot vedette. Une balise <COMM> («commentaire») permet de situer le passage que l'on cite, d'introduire des variantes (balisées <OCC> s'il s'agit du même mot), de préciser les anaphores; le champ <REF> entraîne avec lui, automatiquement, une fois la bonne référence sélectionnée, une référence pré-balisée (<AUT> «auteur»; <TIT> «titre»; <DATE>)

<RENV> («renvoi»): permet de prendre en charge (en distinguant *source* et *cible*) l'ensemble des renvois internes du *DMF*.

B. Introduction des données

Un premier avantage du système des balises est de faciliter et surtout de systématiser l'introduction des données.

L'appel de la balise <ART> fait apparaître automatiquement <VED>; le curseur se met en place à l'endroit où la vedette doit être mise; suit la balise <CODE>; le curseur se déplace au lieu où le code doit être introduit; ensuite, on est conduit automatiquement à <DICT> et ainsi de proche en proche.

Les avantages sont évidents:

- une «grammaire» rejette les suites impossibles; ainsi quand on a appelé <EXE>, il est impossible de valider ce champ sans que <OCC> soit spécifié et que <REF> soit sélectionné; sous <NUM>:

après «II A», on ne peut avoir que «B» ou «-»
après «II B 1», on ne peut avoir que «2» ou «-»
après «II B», on peut trouver «C» ou «III» ou «-»
après «II B 2», on peut trouver «3» ou «C» ou «III» ou «-»

- un «programme d'édition» associe automatiquement à chacune des balises la typographie qui convient (par exemple dans l'article *abréger*, la capitale grasse à <VED>, l'italique du petit caractère à <OCC>, l'italique du grand caractère à <CST> ...); si l'on décide de modifier le protocole typographique, les changements souhaités se répercutent automatiquement; le programme d'édition rend aussi les balises invisibles et assure la mise en colonnes (pour l'instant, afin de faciliter les traitements, on n'admet pas les coupures en fin de ligne; dans l'édition-papier, des coupures pourront être introduites, mais elles resteront sans effet sur la version électronique).

C. Répercussions sur la méthodologie rédactionnelle

Les conséquences du balisage sont aussi en grand nombre dans l'ordre de la méthodologie rédactionnelle.

- Les *contrôles de cohérence* se trouvent singulièrement facilités. Supposons que l'on craigne des disparités dans le traitement des lemmes à indices (*colon*[1]/*colon*[2]...): leur affichage immédiat permet aisément de les harmoniser; imaginons encore que l'on veuille vérifier l'usage de «empl. intrans.» et de «empl. abs.»: là aussi le repérage systématique permet tous les contrôles que l'on voudra;
- La *gestion lexicographique* est elle aussi beaucoup plus aisée: que l'on pense par exemple à la gestion des renvois; les cibles étant systématiquement enregistrées, dès lors que, par la suite, on touche à l'une d'elles, on est aussitôt averti qu'on y a renvoyé à partir de telle ou telle source; les modifications peuvent être répercutées dans les articles en cause; même avantage pour les locutions: composées de plusieurs vocables, elles sont en principe traitées en un seul lieu (les rédacteurs du *DMF* disposent à cette fin de tout un ensemble de règles[7]); mais ailleurs il faut, en bonne place, des renvois au lieu de traitement; ainsi *semer les pois devant les colons* «tenter les pigeons, ceux qui se laissent duper, les attirer dans un piège» est traité sous *colon*[1] (*colon* n'ayant pas ici son sens ordinaire); de *semer* et de *pois*, il faut renvoyer à *colon*[1].

7. En principe, les locutions du *DMF* prennent place sous le premier substantif qu'elles comportent (de la gauche vers la droite), à défaut sous le premier adjectif, à défaut le premier adverbe, à défaut le premier verbe (on ne tient pas compte des mots grammaticaux). Mais ce principe, d'application mécanique, souffre des exceptions. En particulier, la locution gagne à être traitée sous le vocable qui s'éloigne le plus de son sens habituel; ainsi *baptiser le vin* «le couper d'eau» sera mentionné de préférence sous *baptiser* (d'autant plus que *vin* est commutable avec des mots qui désignent des sortes de vin).

- Une des répercussions les plus bénéfiques concerne les *mises à jour* et les *extractions de données*. En comparaison de leurs ancêtres, les lexicographes d'aujourd'hui ne sont plus soumis avec la même rigueur à la contrainte de complétude. La version électronique du dictionnaire peut être régulièrement et indéfiniment mise à jour, complétée et corrigée. C'est particulièrement précieux en moyen français: tout — ou presque tout — restant à faire, on peut viser sans scrupule une étape dont on sait d'avance qu'elle en appellera d'autres. Dès aujourd'hui, se dessinent, à partir du *DMF* tel qu'il est actuellement conçu, des prolongements souhaitables: le traitement des mots grammaticaux, des suffixes et préfixes, comme dans le *TLF*; le traitement systématique des «conditions d'emploi», la vérification des exemples cités de seconde main (pour les textes qui ne sont pas de notre bibliographie); l'extension des sources[8].

Quelle que soit l'étape que l'on considère, il est facile aussi d'extraire du *DMF* tel ou tel aspect particulier comme par exemple tout ce qui concerne la *MÉD*. ou bien l'*HÉRALD*.; tous les exemples retenus de tel ou tel texte (si l'on voulait procéder à un dépouillement complémentaire); tous les vocables illustrés seulement d'exemples de la seconde moitié du XVe siècle; la date la plus ancienne dans chaque article; tous les articles de même étymologie...; on conçoit aisément que les demandes possibles sont en très grand nombre.

III. LES CONCEPTIONS LEXICOGRAPHIQUES. LE DICTIONNAIRE INFORMATISÉ

On en vient ainsi à évoquer jusqu'aux conceptions lexicographiques. Un dictionnaire informatisé se prête à des usages inconcevables dans les versions sur papier. Délié des contraintes de la linéarité, le dictionnaire devient un objet hypertextuel.

On ne s'attardera pas sur les commodités de l'affichage. En «cliquant» sur un renvoi, l'affichage immédiat de l'article cible autorise une consultation infiniment plus rapide. Les variations graphiques rendent l'opération plus délicate à partir d'une forme quelconque pointée dans un exemple: celle-ci ne figure pas nécessairement dans le *DMF* sous la balise <VED> ou <OCC>, qui permettrait de la rapporter à une entrée; les réponses peuvent donc être vides («pas de solution»). Mais dans ce cas, la saisie de la vedette conduit instantanément à l'article souhaité.

L'intérêt véritable du dictionnaire informatisé est ailleurs: il tient à l'accès hypertextuel des données. On peut distinguer un accès «monocritère» et un accès «multicritères», à quoi s'ajoute une fonction d'annotation.

8. Le *DMF* prend en compte les nouvelles éditions qui paraissent, mais elles sont exploitées de façon très sélective.

A. Accès «monocritère»

Rien de plus facile que la recherche sur l'entier du dictionnaire d'une forme, d'une suite de formes ou d'une combinatoire de formes dans un espace déterminé (par exemple toutes les occurrences de *abréger* et de *vie* à l'intérieur d'une même phrase).

Plus délicate en revanche est une recherche conduite, non pas sur des formes, mais sur des mots; on peut certes se contenter de rassembler sous le lemme toutes les formes balisées <OCC>; mais l'incomplétude inévitable fait préférer une solution différente où se combinent, caractère par caractère, toutes les variantes graphiques. Ainsi dans l'article *abréger*, certaines formes ont un *h* initial, d'autres deux *b*; la seconde voyelle est soit *é*, *è*, *e* ou *ei*; on observera la métathèse possible *re/er*; *g* alterne avec *j* ou *gg* ou encore *gi*. Tout cela peut se résumer ainsi:

$$\text{(h)} \quad \text{a} \quad \left\{\begin{matrix}\text{b}\\ \text{bb}\end{matrix}\right\} \quad \left\{\begin{matrix}\text{re}\\ \text{ré}\\ \text{rè}\\ \text{rei}\\ \text{ri}\\ \text{er}\end{matrix}\right\} \quad \left\{\begin{matrix}\text{g}\\ \text{gg}\\ \text{j}\\ \text{gi}\end{matrix}\right\} \quad + \text{ flexion}$$

2 X 2 X 6 X 4, soit 96 formes théoriques pour le radical.

Pour un mot comme *colon*, on aurait:

$$\text{c} \quad \left\{\begin{matrix}\text{o}\\ \text{ou}\end{matrix}\right\} \quad \left\{\begin{matrix}\text{l}\\ \text{ll}\end{matrix}\right\} \quad \left\{\begin{matrix}\text{on}\\ \text{om}\\ \text{onp}\\ \text{omp}\\ \text{onb}\\ \text{omb}\end{matrix}\right\} \quad \text{(s)}$$

2 X 2 X 6 X 2, soit 48 formes théoriques.

Un exemple parmi des milliers montrera l'intérêt, même philologique, d'une recherche sur les environnements. Dans CHR. PIZ., *Faits armes cheval*, 1410, 54 r°, on lit ceci: *cinquante livres d'espices, gingembre, coulom*. Ce *coulom* est mystérieux; on est tenté de penser qu'il s'agit d'une épice; supposons maintenant que, disposant de toutes les formes théoriquement imaginables de *gingembre*, je lance une recherche sur son environnement, je tomberai alors sur *gingembre colombin*. Dès lors, tout donne à penser qu'il faut supprimer la virgule entre *gingembre* et *coulom*, que *coulom* n'est rien d'autre que *colon* de *columbus* et qu'il est mis ici en apposition, au lieu de *colombin*.

- La recherche «monocritère» peut porter aussi sur des balises ou les éléments qui figurent dans leur portée: ainsi on peut souhaiter relever toutes les occurrences de l'indicateur «P. méton.»; ou bien, dans une visée de symétrisation, tous les synonymes (il se peut que *a* soit donné synonyme de *b*, mais que sous *b* la synonymie avec *a* ne soit pas notée); on peut imaginer aussi une entrée étymologique et vouloir retrouver l'ensemble des vocables du *DMF* qui tombent sous l'étymon **blad* du FEW (XV, 126b): *blé*, *blavée*, *ablée*, *blaierie*, *blatier*, *desblaver*, *desblaer*, *déblayer*, *emblaver*, *emblayer*, *remblayer*, *remblai*...

B. Accès «multicritères»

Mais l'innovation la plus remarquable est la possibilité qui est donnée d'un accès «multicritères». Les questions posées combinent alors les contraintes les plus diverses. En voici quelques exemples, parmi une infinité imaginable:

– Rechercher dans le champ de la définition des mots comme *imposition(s)*, *impôt(s)*, *taxe(s)*, *redevance(s)*, *droit(s)*: la réponse permettra de construire le champ sémantique du domaine; une question plus simple consisterait à rechercher, dans ce même champ, un mot comme *arbre*, ou bien *poisson*, ou encore *moulin*. Si, dans ce même champ, on s'interroge sur *sauce(s)*, on obtiendra les mots qui désignent les types de sauces, mais aussi des synonymes inattendus, par exemple le mot *couleur* qui peut désigner, en moyen français, les sauces fortement colorées.
– Rechercher, dans les exemples, le mot *plait*, la date étant antérieure à 1350 (le premier exemple de l'article *abréger* répond à cette combinaison de critères; *plait* y signifie «propos»).
– Rechercher sous le CODE «verbe», l'ISEM «p. méton.» (dans le *TLF*, *trembler* au sens métonymique de «avoir peur» est une réponse pertinente, ou encore *rougir* au sens de «avoir honte»).

C. Fonction d'annotation

Enfin, une fonction d'annotation hypertextuelle doit permettre à l'usager de donner au *DMF* tous les enrichissements qu'il souhaite. Ainsi, pour quelqu'un qui serait intéressé par des notions connexes de l'animé (qualités, état d'une personne, comportements, réalisations d'une personne...), il est utile qu'il puisse établir un lien supplémentaire, sous *abréger*, entre *abréger qqn* (I B) et *abréger la vie, les jours* [*de qqn*] (sous I A 1 a), ce lien étant ensuite exploitable aux fins d'une recherche spécifique.

Une chose est sûre: les procédures informatiques ne sauraient laisser le lexicographe indifférent. Les avantages qu'il en tire et toutes les ouvertures qu'elles apportent renouvellent à bien des égards les méthodes et les finalités. Avouons tout de même que la rigueur à laquelle elles obligent peuvent avoir quelque chose de pesant. Au *DMF*, on s'est vite avisé qu'il fallait aussi un espace de liberté: nous l'avons aménagé sous la balise <REM>; dans ce champ, rien ou presque n'est codé, et le lexicographe s'y donne à coeur joie aux plaisirs d'une écriture sans contrainte.

ROBERT MARTIN

ANNEXES

I – Un article du *DMF*: *abréger*

ABRÉGER, verbe
[T-L, GDC: *abregier*; FEW XXIV, 25b: *abbreviare*; TLF I, 191a]
V. aussi *abrévier*.

I. - Empl. trans.

A. - *Abréger qqc.*

1. «Rendre plus court en durée, rendre plus bref, écourter»

a) [Un état ou une action] Mais je vous requier, s'il vous plaist, Que nous *abregons* nostre plait, Car trop esloingnons la matiere Qui meüe a esté premiere. (MACH., *J. R. Nav.*, 1349, 240). [Lorsque les six bourgeois de Calais se dévouent, tout le monde pleure y compris le maire, Jean de Vienne] Toutesfois, pour *abregier* la besongne, il les fist devestir (FROISS., *Chron.* D., p.1400, 844). ...et pour ycelle [besoigne] *abbreger* demanda se les parties voudroient descendre à pranre droit par les informations (BAYE, I, 1400-1410, 109).
– *Abréger la vie, les jours.* «Hâter la mort»: Il puet bien *abregier* [var. *abrijier*] sa vie En ce faisant (LA BUIGNE, *Rom. deduis* B., 1359-1377, 486). Une autre maniere est se aucun fait voluntairement teles abstinences par quoy il *abrege* sa vie ou corrumpt sa santé ou se fait inhabile a bonnes oeuvres excerciter (ORESME, *E.A.C.*, c.1370, 225). Mais quant le roy de Chippre voit que Sarrasin s'efforcent ainsi, si reprent cuer, et leur fait un poindre moult vertueusement. Et la souffry tant de peine qu'il y ot pluseurs veines de son corps rompues, de quoy aucuns dient que sa vie fu moult *abregie.* (ARRAS, c.1392-1393, 107). LE PERE. Son depart nous fera mourir Et *abreger* noz jours. (*Myst. jeune fille* L., c.1413-1445 [c.1530], 21). Encores ces mesmes personnes Se doivent forment abstenir Pour péril qui en peut venir, Car excédent charnalité Consume et gaste humidité Et la chaleur de corps humain, Et le rent failli, lent et vain, Et *abrége* souvent la vie, Mesmes en temps d'épidémie. (LA HAYE, *P. peste,* 1426, 107). Véez-cy tant de vaillans gens qui ont tant traveillié pour la chose publique de ce royaulme et y ont tant de foys exposé leur vie, dont beaucoup sont demourez en la poursuite; et ceulx qui n'y sont demourez, si ont-ilz *abregiez* leurs jours et ont mis leur corps en doulleurs, comme de gouttes ou autres maulx, qu'ilz sentent tous les jours et sentiront toute leur vie; encore plus, la pluspart n'ont que mengier. (BUEIL, II, 1461-1466, 154). Ne pencés plus ad ce tourment, Ma doulcete tante Marie, Je vous en prie doulcement, Car vous *abregés* vostre vie. (*Pass. Auv.,* 1477, 254).
– [Un mal] «Rendre plus court l'effet de qqc.»: Afin que tost soit *abregé* Le mal qui me porte grevance, Les fourriers [d'Amours m'ont logé] En ung lieu [bien a ma plaisance.] (CH. D'ORLÉANS, *Chans.* C., c.1415-1440, 241). ...n'est il moien qui se puisse trouver d'*abreger* mon dur et cruel martire (*C.N.N.*, c.1456-1467, 183). Affin que ne te falhe pas, Pour ta paine mieulx *abreger*, Sans presser Advance toy encore ung pas. (*Pass. Auv.*, 1477, 100).
– [La durée elle-même] Jugurte (...) s'avança la mort (...), voullant *abregier* le douloureux temps de sa captivité. (CHART., *L. Esp.*, c.1429-1430, 19). Mais soit exempt De mort, et vive en bonne mode Sans *abreger* le periode Que nature luy determine. (*Cene dieux,* c.1492, 113).

b) [Un discours, un dialogue] ...Tant an romant com an latin Plussors foiz m'ont levé matin, Quant que j'oie tout cerchié Ce que j'ai ici *abergié*. (*Renart contref.* R.L., t.1, 1328-1342, 299). PYLATE. *Abrege* ton sermon; Ne fay point le long langager. BARRAQUIN. Puisque tant le fault *abreger*, Le cas est tel que je vous compte. (GRÉBAN, *Pass.* J., c.1450, 429). Pour *abrevier* ce propos, envyron ung an ou deux avant que allissions en Ytalie... (COMM., III, 1495-1498, 16).

c) «Hâter le terme de qqc.; mettre un terme à qqc.»: Et puis après nous nous couchasmes, Pour brief ce compte *abreger*. (RÉGN., *F.A.*, 1432-c.1465, 188). Allez ent quant il vous plaira; Nostre exploict est tout *abregié*. (GRÉBAN, *Pass.* J., c.1450, 90). ...au mois de juing aussi en l'an LXXV (...) mandasmes par noz lettres closes aux gens de noz comptes *abreger* les comptes dudit de Voisines. (*Lettres Louis XI,* V.M., t.10, 1478, 411).

– *Abréger son affaire, sa voie, le cas.* «Mettre un terme à une situation, hâter les choses»: Je vueil (...) que bien tost y soies, Si *abregeras* moult tes voies. (*Mir. enf. diable,* c.1339, 52). Seigneurs, *abreigons* nostre affaire: Puis qu'il a noz diex en despit, Faisons le mourir. (*Mir. st Panth.*, 1364, 355). Va tost, mon amoureux desir, Sur quanque me veulx obeir, Tout droit vers le manoir de Joye; Et pour plus *abregier* ta voye, Prens ta guide Doulx Souvenir. (CH. D'ORLÉANS, *Chans.* C., c.1415-1440, 231). Jamais je ne vueil arrester Tant que dedens la cyté soye Et, pour plus *abregier* ma voye Et racompter ceste maniere, Je lairray ma cruche derriere Tant que je soye retournee. (GRÉBAN, *Pass.* J., c.1450, 157). Et ainsi donc vous conscentez Sa mort pour le cas *abregier*? (GRÉBAN, *Pass.* J., c.1450, 277). Griffon, va t'en dire au geolier Que Barrabas soit desserré, Et l'amaine tout enferré Pour son cas tantost *abreger*. (MICHEL, *Myst. Pass.* J., 1486, 356). Avant, Jesus, fay ton debvoir, *Abbrege* le cas: il n'est tel! Se tu es le Dieu d'Israël, Si descens de ceste croix haulte Et nous croyons en toy sans faulte. (MICHEL, *Myst. Pass.* J., 1486, 410).

2. [Le compl. d'obj. désigne une action qui n'a pas encore commencé] «En hâter la survenance, faire arriver plus tôt»: Dieu, par sa puissance infinie, *Abrege* ce faict gracïeux, Affin que le fruict precïeux Puissions humblement recepvoir. (*Myst. Pass. Troyes* B., a.1482, 212). Et quant on se voulut retraire, les enbaxadeurs s'en vindrent par devers le duc et lui dirent: «Monseigneur, le roy, noustre souverain seigneur, desire moult fort noustre retour; et pour se, s'il vous plaisoit *abreger* l'alee de la royne Satine et que nous la menessons avecques, le roy en auroit ung grant plaisir.» (*Charles de Hongrie* C., c.1495-1498, 12). Les deux traistres, joyeulx de la mort de leur seigneur, se partirent le plus legierement qu'ilz purent et allerent au palais, la ou la dame estoit, qui parloit a Guillaume d'Argence qui estoit nagueres venu de Mayance de par Doon, qui l'avoit envoyé sçavoir et enquerir de la mort de Beufvon l'enfant pour le mariage *abreger*. (*Beufves Hant.* I., c.1499-1503, 16).

– *Abréger qqc. à qqn.* «Hâter, accélérer»: Mieulx vaulsist bon varlès (...) Qu'a tel femme mariez estre, Qui *abrege* au mari la mort (DESCH., *M.M.*, c.1385-1403, 68).

– «S'en acquitter»: Or t'en va ton mand *abregier*; Tu songes trop de la menjaille! (GRÉBAN, *Pass.* J., c.1450, 61). Or t'en vad ton faict *abreger*: Tu pences trop de la ma[n]geaille! (*Myst. Pass. Troyes* B., a.1482, 186).

3. «Rendre plus court en distance (ou en difficulté) [le chemin]»: ...icelui Voier se parti du dit lieu de Peyré pour aler au Moustiers sur le Loy, où il a de distance six grans lieues du dit païs, et esperoit aler pour *abregier* son chemin, au giste en l'ostel ou manoir de Jehan de Pont de Vie (*Doc. Poitou* G., t.6, 1396, 235). Fist semblablement icelui Virgille, par son art mathematique, percer une montaigne pour *abreger* le chemin, si très avant que, à peine quant l'on est ou milieu, se peuvent veoir les deux boutz (SIMON DE PHARES, *Astrol.*, c.1494-1498, 84).

– Empl. abs.: [Qu'ilz] choisissent champs et places les plus advantageux qu'ilz pevent pour combatre. Car on y gaigne le solleil, on y gaigne le vent pour envoier la pouldre droit à ses ennemys. S'il y a point de haye ou de fossé (pou[r] petit qu'il soit il fait grand bien) ou quelque mollière, ou païs, pré ou champ mol, ou rivière, ou bois fort, par où on ne puisse marcher pour *abreger*, on doit sercher voullentiers tous les advantaiges qu'on y puet trouver. (BUEIL, I, 1461-1466, 154).

B. - *Abréger qqn*

1. «Hâter le terme de ce qui lui advient»: *Abrege* moy, Desesperance: Il est temps qu'a ma mort entendes. (GRÉBAN, *Pass.* J., c.1450, 293). LE BOUREAU. Priés pour ce pouvre pecheur, Seigneurs: l'amour de vous demande. LE CONTE AVENIR. *Abregiez* les, le roy le mande. Qu'i ne soient plus actendans. (DU PRIER, *Roy Adv.* M., 1455, 241). Mourir fault pour vous *abreger* (MART. D'AUV., *La Dance des Femmes,* éd. L. Götz, 1460-1508. *In: Z. frz. Spr. Lit.* 57, 1933, 326). Troys hommes de vie deshonneste Avez condampnéz a mourir; Si vous venons cy requerir, Pour obvier a tout danger, Qu'il vous plaise les *abreger*, Car ilz ont languy longuement Et ont assez eu de tourment. (MICHEL, *Myst. Pass.* J., 1486, 422).

– «Régler son sort, se débarrasser de lui»: Sire, regardez que vecy: Nous admenons vostre adversaire. Regardez qu'on en vouldra faire Pour l'*abreger* tout d'une tire. (GRÉBAN, *Pass.* J., c.1450, 375).

2. «Hâter ce qu'il demande, le servir vite»: PYLATE. Metz de l'ëaue ou pot lavouer, Apreste bassin et touaille Et, quant c'est fait, si le me baille; J'ay grant haste, *abrege* moy tost. BARRAQUIN. Voicy tout prest, sire prevost; Or lavez en bonne senté. (GRÉBAN, *Pass.* J., c.1450, 315).

Rem. Même ex. ds MICHEL, *Myst. Pass.* J., 1486, 378.

– «Lui faciliter les choses»: ...de vous pren congié, Puis que tant vous ai *abregié* Qu'avez regent. (*Mir. ste Bauth.,* c.1376, 111). TROISIESME CHEVALIER. Seigneurs, vous me chargiez d'un fait Qui ne m'est mie trop ligier; Mais nient moins, pour vous *abregier*, Je vous en diray mon avis. (*Mir. Clov.,* c.1381, 197). Nosseigneurs, pour vous *abregier*, Ne quierent boire ne mengier; Ilz ne quierent que le repos. (GRÉBAN, *Pass.* J., c.1450, 93).

3. *Abréger qqn de qqc.* «Lui éviter que cette chose ne soit trop longue»: Mais il nous fault avoir congié De Pylate, nostre prevost, Et qu'il les *abrege* plus tost De mourir s'ilz ne sont finéz. (GRÉBAN, *Pass.* J., c.1450, 352).

II. - Empl. intrans.

A. - «Faire vite, se hâter»: Joseph, pere tres venerable, Faictes conclusion finale Et *abregez*, car il est tart. (GRÉBAN, *Pass.* J., c.1450, 82). *Abregons* sans plus mot sonner. (GRÉBAN, *Pass.* J., c.1450, 330). Sus, sergens, allez *abregier*, Desvetez moy ce maleureux (GRÉBAN, *Pass.* J., c.1450, 320). JUDAS. Ha, terribleté de vengeance, Horribleté de tout danger, Aproche et me donne allegeance Se mort peult mon deul alleger. DESESPERANCE. Ouy, mais il fault *abreger*, Car plus vivre t'est trop nuysible. (MICHEL, *Myst. Pass.* J., 1486, 343).

– *Abréger de* + inf. «Se hâter de»: ...Or tost *abregez* D'obeir tost a sa commande. (*Myst. st Laur.* S.W., 1499, 143).

B. - [Dans l'ordre du discours] «Faire court»: ...les histoires romaines (...) desquelles je me passe pour *abregier* (LA SALE, *J.S.,* 1456, 3). *Abregeons* sans plus sermonner. (MICHEL, *Myst. Pass.* J., 1486, 398).

– (Modalité d'énonciation). *Pour abréger*. «Bref, en bref»: Et rent [la bole d'Arménie] de fait nature forte Et la soustient et la conforte à débouter le venim hors, Qui est logé dedens le corps. Oultre a povoir pour *abréger* A réparer, et alléger, Les esperiz et leur substance, Sans nul péril ne violence. (LA HAYE, *P. peste,* 1426, 133). Et pour *abreger* vous devez avoir bonne oreille (JUV. URS., *Aud. illos,* 1432, 29). Et si te dy, pour *habergier* Que c'est ma mort toute juree (FRAIGNE. *In:* CH. D'ORLÉANS, *Rond.* R., 1443-1460, 528). Pour *abreger*, tant fist le bon musnier qu'il rendit a madame son tresbeau dyamant (*C.N.N.*, c.1456-1467, 46). ...quant je vis qu'il eust puissance D'aler aux champs, pour *abregier*, Je le fis estre mon bergier Et le mis a garder mes bestes. (*Path.* D., c.1456-1469, 158). Il est aussi trouvé es hystoires de la fondacion de Romme que (...) après que le roy Eneas eut (...) prinse la fille du roy Latin en mariage, après aussi que son fils Jullius eut regné trente ans ou païs, advint que deux freres furent nez à Romme, qui pour lors estoit dicte Neufve-Troye, dont l'un fut nommé Remus et l'autre Romullus. Si furent nourris aux champs et allaictiés du laict d'une loupve. Mais, pour *abregier*, il advint, comme l'istoire le porte, que en leurs mains escheut la seigneurie et gouvernement de la cité. (BUEIL, I, 1461-1466, 128). Car je vous dy, pour *abreger*, Quelconque jour qu'en mengerés [de l'arbre de vie], Nul ne vous sçaroit sollager, Car de mort pour vray vous morrés. (*Myst. Pass. Troyes* B., a.1482, 37). Mais, pour *abreger*, il compleüt aux dessusdictz Angloys et rendit la place audit duc de Lorraine, saulves leurs personnes et biens. (COMM., II, 1489-1491, 134). Pour *abreger*, temps est que je m'en aille (LA VIGNE, *S.M.*, 1496, 253).

– *Pour le plus abréger:* ...quand la bonne dame l'oyt, fist sauver son amoureux et le fist bouter soubz le lict, pour le plus *abreger*, puis vint demander a l'huys... (*C.N.N.*, c.1456-1467, 508).

– *Il n'est que d'abréger:* La veille (...) a sa fille racompte ses nouvelles sans doubte, confermans la vision de l'autre nuyt passée. Il n'est que d'*abreger*: «Or allons...» (*C.N.N.*, c.1456-1467, 101).

C. - «Mettre un terme à un dialogue, un discours, une situation, une activité»: ...se les advocas (...) estoient trop longs en parolles (...) on les doit faire *abreger* et respondre. (JUV. URS., *Aud. illos*, 1432, 30). Sus, devant! il fault *abergier*. Sy long procès n'est que langaige. (*Pouvre peuple* H., c.1450-1492, 190). Or commençoit le jour a decliner beaucop et se convenoit bien *abregier* pour cause des longs misteres et cerimonies quy y restoient a faire. Si fit on *abregier* les champions (CHASTELL., *Chron. IV*, D., c.1461-1472, 161). Gloutonnie, pour amener Sobresse jusque à oultrance, Une lamproye a, son diner: C'est [l. une l. à son diner C'est] son arnois et c'est sa lance, Il haulse pour emplir sa pance. Sobresse, qui se voit en dangier, Ne met en luy nulle deffence, Mais quitte tout pour *abergier*. (*Prisonn. desconf.* C., c.1488-1489, 30). ...je vous prie que de vostre part vous luy escripvez qu'il se haste de se y rendre, affin que *abregez* à toute diligence (LE CLERC, *Interp. Roye*, c.1502, 234).

– (Exclam. dans un dialogue): «Sire, vous estes maintenant à la fin de l'iver; vous n'avez plus que tarder. Aussi ces gens d'armes ne font que endommaiger vostre royaume; le plus tost s'en delivrer est le meilleur.» - «Il est vray, dist le Chancellier, car ilz engressent trop; s'ilz sejournent plus, ilz ne pourront plus entrer en leur harnoix; et fauldroit que vous leur en donnassez de tous neufz.» Et le Roy respondist: «Ilz ne vous coustent gueres, Chancelier.» Et chascun se prist à rire. Et le Roy dist: «Or ça, *abregeons*. Et faictes venir ung secretaire; si commenderay les lettres.» (BUEIL, II, 1461-1466, 165).

III. - Empl. pronom.

A. - «Se hâter, faire vite»: Or, t'*abrege* Comme ung diligent escollier. (GRÉBAN, *Pass.* J., c.1450, 301). ...*abregez* vous qu'il ne vous trouve icy. (*C.N.N.*, c.1456-1467, 242). FOURDRE. S'il y fault cagnon ne cordelle, Copper teste, ou enfouyr, Je suis prest et pour m'enfuyr En paiant l'oste des talons. DYOCLESSIEN. *Abregiés* vous tost. (MOLINET, *Myst. st Quentin* C., c.1482, 8). *Abregez* vous et vous hastez (MICHEL, *Myst. Pass.* J., 1486, 392). Je vous prie, *abregez* vous et vous y en venez (LE CLERC, *Interp. Roye*, c.1502, 240).

– *S'abréger de* + inf. «Se hâter de»: ...et se parti icellui Michault hors dudit hostel, tant pour la doubte qu'il avoit de seurvenue de brigans que pour soy *abregier* de s'en aler (*Chancell. Henri VI,* L., t.1, 1425, 242). Icy ne ferons mais arrest; De soupper nous *abregerons.* (*Myst. Pass. Troyes* B., a.1482, 545).

– *S'en abréger.* «S'en acquitter, en finir avec qqc.»: Or approchoit fort le terme dedens lequel il convient faire son pellerinaige audit lieu, car n'y prent on que quarante jours. Si voloit ledit seigneur s'en *abregier* (CHASTELL., *Chron. IV,* D., c.1461-1472, 103).

B. - «Être bref, concis»: Aprez mainz autres diz et faiz, Dont pour moi *abregier* me taiz, Jhesus dist que venu estoit Le tempz qu'à clarte mis seroit. (GUILL. DIGULL., *Pèler. J.-C.* S., 1358, 248). ...par vostre foy, *Abregiez* vous, car il est tart, Sans plus parler de ce regnart, Maiz, se autre chose avez a dire, Qui bien face a vostre matiere, Si le vueilliez dire briefment (LA BUIGNE, *Rom. deduis* B., 1359-1377, 395).

C. - *Qqc. s'abrège.* «Aller en diminuant, dépérir»: Et, pour ce que moult de genz me blasmeroient, pour ce que de si pou d'age je met enfant au travaill des chienz, je leur respons que toutes natures *s'abrejent* et descendent, quar chascun scet que plus scet un enfant au jour d'ui de ce qui lui plest ou l'en li aprent en l'aige de set anz que ne souloit fere au temps que j'ay veü en l'aige de douze. Et pour ce l'i vueill je mettre si jeune, quar un mestier requiert toute la vie d'un homme anczois qu'il en soit parfect. Et aussi dit on: ce que on aprent en denteüre, on veult tenir en sa vieilleüre. (GAST. PHÉBUS, *Livre chasse* T., 1387-1389, 139).

IV. - Part. prés. en empl. adj. «Rapide, expéditif»: Ad ce nous consentons nous tous: Il n'est moyen plus *abregant.* (GRÉBAN, *Pass.* J., c.1450, 209). Je cuyde assez qu'on prouvera, Par bons tesmoings qu'on trouvera, Que la mort a bien desservye, Actendu sa piteuse vye: Il n'est moyen plus *abregent.* (*Myst. Pass. Troyes* B., a.1482, 536).

V. - Part. passé

A. - Part. passé en empl. adj.

1. [D'un événement, d'une action]

a) «Avancé, précipité»: ...femmez qui par mort *abregee* ont trouvé remede contre douloureuse vie. (CHART., *L. Esp.,* c.1429-1430, 19).

b) «Mené à terme, exécuté rapidement»: Nostre faict est bien *abregé.* Nicodesme, prenons congé De ses bonnes dames. (MICHEL, *Myst. Pass.* J., 1486, 435).

2. [D'un récit, d'un ouvrage] «Résumé»: ...l'istoire de Troye *abregiee.* (CHR. PIZ., *M.F.,* III, 1400-1403, 5). ...vous orrez, avant qu'il soit plus tard, tout a ceste heure ma petite ratelée et compte *abregé* d'un vaillant evesque (*C.N.N.,* c.1456-1467, 580).

– *Abrégé parler.* «Résumé»: De la maniere de exposer et de faire auchuns *abregiés* parler (DAUDIN, *De la erudition* H., c.1360-1380, 130).

– *Somme abrégée.* «Présentation, résumée, condensée (des connaissances)»: Cy commence le prologue de ce present volume qui se dit le somme *abregiet* de theologie fait et composé par tres excellent docteur en theologie de l'ordre des freres prescheurs, Albert le grant archevesque de Ratispone comme on dist. (*Somme abr.,* c.1477-1481, 98).

Rem. L'ex. suiv. est isolé. *Abrégé* paraît signifier «affaibli» (v. *supra* III C): Ta mein n'est pas *abregiee,* ta misericorde n'est pas faillie, ne jamais ne faudra que tu ne me puisses sauver (GAST. PHÉBUS, *Livre oraisons* T., c.1380-1383, 49).

B. - Part. passé en empl. adv. «De manière brève»: Quant à la tradionne maniere de parler *abregé,* neantmoins reduicte à compendiosité quant au fait de la matiere et des personnes, veuillez aussi moragerer au facteur, en excusant le langaige si aucun en y a estrange. (MILET,

Épître épilogative, 1452. *In: Trav. Ling. Litt. Strasbourg* 16-1, 1978, 254).

C. - Part. passé en empl. subst.

1. «Ce qui est bref»

a) [À propos d'une action]

– *Par abrégé.* «En raccourcissant (ici la durée d'une évolution)»: ...Dieu plus y ouvrera Par *abbregié* (CHART., *L. Dames,* 1416, 239).

– *Faire un abrégé de qqc.* «L'accomplir rapidement»: N'y a que de l'ensevelir Comme il affiert a sa noblesse; Non obstant que sa mort nous blesse, Il en fault faire ung *abregé.* (*Myst. Pass. Troyes* B., a.1482, 492).

– *Faire un abrégé de qqn.* «Se débarrasser au plus tôt de qqn»: N'y a que de l'ensevelir Comme il affiert a sa noblesse; Non obstant que sa mort nous blesse, Il en fault faire ung *abregié* [v. aussi vers 21557]. (GRÉBAN, *Pass.* J., c.1450, 197).

Rem. Même ex. ds MICHEL, *Myst. Pass.* J., 1486, 186 et 338 (vers 13504 et 23386).

b) [À propos d'un discours]

– *À l'abrégé.* «En bref» (synon. *pour abréger,* v. *supra* II B et *infra* VI B): VERITÉ. (...) Mais, non obstant la dissonnance, Si fault il dire, a l'*abregié*, que Justice a tres bien jugié [v. aussi vers 6548 et 8041] (GRÉBAN, *Pass.* J., c.1450, 40). Et ainsi, monseigneur, je vous ay declairé à l'*abregiet* sur quoy le bon duc Philippe vostre ayeul se fonda premierement en la fondacion de son ordre. (LA MARCHE, *Mém., IV, Pièces annexées,* c.1500, 164).

– *Pour (l')abrégé.* (Même sens): Cayphas, or me pardonnez, Moy [Pilate] et mes gens irons derriere Car pas ne seroit la maniere Que moy qui ne sui pas Juifz Et qui de la mort sui desmis De Jhesus, et ou je n'ay charge, Alasse avec vous, pour *abrege* Mon honneur pas ce ne seroit (MARCADÉ, *Myst. Pass. Arras* R., a.1440, 183). Or ça, messeigneurs, pour *abregge*, Or, argent arez a plenté (MARCADÉ, *Myst. Pass. Arras* R., a.1440, 231). ...et puis, pour l'*abregé*, Aprés disner fist son entree a Pyse. (LA VIGNE, *V.N.*, p.1495, 199).

– *En abrégé.* «Dans une présentation synthétique (?)»: ...en quel compte sont mises en plaine valeur de recepte en *abregié* toutes les rentes deuez audict seigneur es lieux dessusdiz, tant vaillables que non vaillables et tant receues que à recevoir, jouxte les parties declarees es comptes precedens (*Comptab. Dieppe* M., 1474-1475, 115).

2. En partic. «Écrit ou discours réduit aux points essentiels; résumé»: Publiques sont [les escriptures] qui viennent es usages communs ou sont a venir, comme sont livres, traitiés, *abregiés*, sommes (DAUDIN, *De la erudition* H., c.1360-1380, 132). ...qui vouldra y lise, Et mon *abregié* si souffise. (CHR. PIZ., *M.F.*, III, 1400-1403, 75). En ces sept parties se treuve la sommaire de toute oreison, et l'*abregé* de ce qui te fait besoing a demander (CHART., *L. Esp.*, c.1429-1430, 163). Seigneurs, en la deduccion De nostre petit *abregié*, Il vous a esté prorongé, A nostre possibilité, La divine nativité De Jhesucrist, nostre sauveur (GRÉBAN, *Pass.* J., c.1450, 135). ...et fist tant ledit Eugenius, qu'il fut en celle science assez edifflé et se gouverna moult curieusement, selon les ellections d'astrologie, comme recite ung quidam sur l'*abregé* de la Cronique de Clervaulx. (SIMON DE PHARES, *Astrol.*, c.1494-1498, 128).

VI. - Inf. subst.

A. - «Raccourcissement de la durée»: Item, au fait du lavage de vostre mynne [«minerai»], est expedient et pour trouver ung *abregier* de laver et de grossyer premierement la minne a ung bach que j'ay fait et trouvé sa plache tres bien par d'en costé le chena qui amaine les yauwes es fosses des la veine (...), et par che moyen on peult plainement perchevoir et trouver un grant *abregier* pour les laveurs au plat (Doc. c.1450. *In:* J. Rigault, *Actes du 98*[e] *Congrès nat. des Soc. sav.*, t.1, 1975, 105).

B. - *À l'abréger*

1. «Pour faire court» (synon. *pour abréger*, v. *supra* II B et V C 1 b): Et sy me doubt, a l'*abergier*, Qu'en fin ly estrange bergier, Pour l'erbe du pourpris brouster, N'y viegnent lor tropeaux bouter (*Pastor.* B., c.1422-1425, 89).

2. «En résumant»: Or vous ay je ramenteu à l'*abregier* du fait d'Angleterre (LA MARCHE, *Mém.*, I, c.1470, 121). Et de ses fais dès lors et de après, ne vous puis gaires [icy] monstrer sinon à l'*abregier* (LA MARCHE, *Mém.*, I, c.1470, 123). [R. M.]

II – Exemple de balisage: le début du même article entièrement balisé

<ART><VED>ABRÉGER<CODE>, verbe</VED>
<DICT>[<TC>T-L, GDC : <LEM>*abregier*</LEM></TC> ; <FEW>FEW XXIV, 25b : <ETYM>*abbreviare*</FEW> ; <TLF>TLF I, 191a</TLF>]</DICT>
V. aussi <TYP>*abrévier*.

<NUM>I. - </NUM><IGRA>Empl. trans.</IGRA>

<NUM>A. - </NUM><CST>*Abréger qqc.*</CST>

<NUM>1. </NUM><DEFM>"Rendre plus court en durée, rendre plus bref, écourter"</DEFM>

<NUM>a) </NUM><EMPL>[Un état ou une action]</EMPL><EXE> Mais je vous requier, s'il vous plaist, Que nous <OCC>*abregons*</OCC> nostre plait, Car trop esloingnons la matiere Qui meüe a esté premiere. <REF>(<AUT>MACH.,</AUT><TIT> *J. R. Nav.*,</TIT><DATE> 1349,</DATE><PAGE> 240</PAGE>).</REF></EXE><EXE> <COMM>[Lorsque les six bourgeois de Calais se dévouent, tout le monde pleure y compris le maire, Jean de Vienne]</COMM> Toutesfois, pour <OCC>*abregier*</OCC> la besongne, il les fist devestir <REF>(<AUT>FROISS.,</AUT><TIT> *Chron.* <TYP>D.,</TIT><DATE> p.1400,</DATE><PAGE> 844</PAGE>).</REF></EXE><EXE> ...et pour ycelle <COMM>[besoigne]</COMM> <OCC>*abbreger*</OCC> demanda se les parties voudroient descendre à pranre droit par les informations <REF>(<AUT>BAYE,</AUT><TIT> <TYP>I,</TIT><DATE> 1400-1410,</DATE><PAGE> 109</PAGE>).</REF></EXE>
<NUM>– </NUM><LOC>*Abréger la vie, les jours.* </LOC><DEFM>"Hâter la mort" :</DEFM><EXE> Il puet bien <OCC>*abregier*</OCC> <COMM>[var. <OCC>*abrijier*</OCC>]</COMM> sa vie En ce faisant <REF>(<AUT>LA BUIGNE,</AUT><TIT> *Rom. deduis* <TYP>B.,</TIT><DATE> 1359-1377,</DATE><PAGE> 486</PAGE>).</REF></EXE><EXE> Une autre maniere est se aucun fait voluntairement teles abstinences par quoy il <OCC>*abrege*</OCC> sa vie ou corrumpt sa santé ou se fait inhabile a bonnes oeuvres excerciter <REF>(<AUT>ORESME,</AUT><TIT> *E.A.C.*,</TIT><DATE> c.1370,</DATE><PAGE> 225</PAGE>).</REF></EXE><EXE> Mais quant le roy de Chippre voit que Sarrasin s'efforcent ainsi, si reprent cuer, et leur fait un poindre moult vertueusement. Et la souffry tant de peine qu'il y ot pluseurs veines de son corps rompues, de quoy aucuns dient que sa vie fu moult <OCC>*abregie*</OCC>. <REF>(<AUT>ARRAS,</AUT><DATE> c.1392-1393,</DATE><PAGE> 107</PAGE>).</REF></EXE><EXE> LE PERE. Son depart nous fera mourir Et <OCC>*abreger*</OCC> noz jours. <REF>(<TIT>*Myst. jeune fille* <TYP>L.,</TIT><DATE> c.1413-1445 [c.1530],</DATE><PAGE> 21</PAGE>).</REF></EXE><EXE> Encores ces mesmes personnes Se doivent forment abstenir Pour péril qui en peut venir, Car excédent charnalité Consume et gaste humidité Et la chaleur de corps humain, Et le rent failli, lent et vain, Et <OCC>*abrége*</OCC> souvent la vie, Mesmes en temps d'épidémie. <REF>(<AUT>LA HAYE,</AUT><TIT> *P. peste*,</TIT><DATE>

1426,</DATE><PAGE> 107</PAGE>).</REF></EXE><EXE> Véez-cy tant de vaillans gens qui ont tant traveillié pour la chose publique de ce royaulme et y ont tant de foys exposé leur vie, dont beaucoup sont demourez en la poursuite ; et ceulx qui n'y sont demourez, si ont-ilz <OCC>*abregiez*</OCC> leurs jours et ont mis leur corps en doulleurs, comme de gouttes ou autres maulx, qu'ilz sentent tous les jours et sentiront toute leur vie ; encore plus, la pluspart n'ont que mengier. <REF>(<AUT>BUEIL,</AUT><TIT> <TYP>II,</TIT><DATE> 1461-1466,</DATE><PAGE> 154</PAGE>).</REF></EXE><EXE> Ne pencés plus ad ce tourment, Ma doulcete tante Marie, Je vous en prie doulcement, Car vous <OCC>*abregés*</OCC> vostre vie. <REF>(<TIT>*Pass. Auv.,*</TIT><DATE> 1477,</DATE><PAGE> 254</PAGE>).</REF></EXE>

<NUM>– </NUM><EMPL>[Un mal] </EMPL><DEFM>"Rendre plus court l'effet de qqc." :</DEFM><EXE> Afin que tost soit <OCC>*abregé*</OCC> Le mal qui me porte grevance, Les fourriers <COMM>[d'Amours m'ont logé]</COMM> En ung lieu <COMM>[bien a ma plaisance.]</COMM> <REF>(<AUT>CH. D'ORLÉANS,</AUT><TIT> *Chans.* <TYP>C.,</TIT><DATE> c.1415-1440,</DATE><PAGE> 241</PAGE>).</REF></EXE><EXE> ...n'est il moien qui se puisse trouver d'<OCC>*abreger*</OCC> mon dur et cruel martire <REF>(<TIT>*C.N.N.,*</TIT><DATE> c.1456-1467,</DATE><PAGE> 183</PAGE>).</REF></EXE><EXE> Affin que ne te falhe pas, Pour ta paine mieulx <OCC>*abreger*</OCC>, Sans presser Advance toy encore ung pas. <REF>(<TIT>*Pass. Auv.,*</TIT><DATE> 1477,</DATE><PAGE> 100</PAGE>).</REF></EXE>

<NUM>– </NUM><EMPL>[La durée elle-même]</EMPL><EXE> Jugurte (...) s'avança la mort (...), voullant <OCC>*abregier*</OCC> le douloureux temps de sa captivité. <REF>(<AUT>CHART.,</AUT><TIT> *L. Esp.,*</TIT><DATE> c.1429-1430,</DATE><PAGE> 19</PAGE>).</REF></EXE><EXE> Mais soit exempt De mort, et vive en bonne mode Sans <OCC>*abreger*</OCC> le periode Que nature luy determine. <REF>(<TIT>*Cene dieux,*</TIT><DATE> c.1492,</DATE><PAGE> 113</PAGE>).</REF></EXE>

<NUM>b) </NUM><EMPL>[Un discours, un dialogue]</EMPL><EXE> ...Tant an romant com an latin Plussors foiz m'ont levé matin, Quant que j'oie tout cerchié Ce que j'ai ici <OCC>*abergié*</OCC>. <REF>(<TIT>*Renart contref.* <TYP>R.L., t.1,</TIT><DATE> 1328-1342,</DATE><PAGE> 299</PAGE>).</REF></EXE><EXE> PYLATE. <OCC>*Abrege*</OCC> ton sermon ; Ne fay point le long langager. BARRAQUIN. Puisque tant le fault <OCC>*abreger*</OCC>, Le cas est tel que je vous compte. <REF>(<AUT>GRÉBAN,</AUT><TIT> *Pass.* <TYP>J.,</TIT><DATE> c.1450,</DATE><PAGE> 429</PAGE>).</REF></EXE><EXE> Pour <OCC>*abrevier*</OCC> ce propos, envyron ung an ou deux avant que allissions en Ytalie... <REF>(<AUT>COMM.,</AUT><TIT> <TYP>III,</TIT><DATE> 1495-1498,</DATE><PAGE> 16</PAGE>).</REF></EXE>

<NUM>c) </NUM><DEFM>"Hâter le terme de qqc. ; mettre un terme à qqc." :</DEFM><EXE> Et puis après nous nous couchasmes, Pour brief ce compte <OCC>*abreger*</OCC>. <REF>(<AUT>RÉGN.,</AUT><TIT> *F.A.,*</TIT><DATE> 1432-c.1465,</DATE><PAGE> 188</PAGE>).</REF></EXE><EXE> Allez ent quant il vous plaira ; Nostre exploict est tout <OCC>*abregié*</OCC>. <REF>(<AUT>GRÉBAN,</AUT><TIT> *Pass.*

<TYP>J.,**</TIT><DATE>** c.1450,**</DATE><PAGE>** 90**</PAGE>**).**</REF></EXE><EXE>** ...au mois de juing aussi en l'an LXXV (...) mandasmes par noz lettres closes aux gens de noz comptes **<OCC>***abreger***</OCC>** les comptes dudit de Voisines. **<REF>**(**<TIT>***Lettres Louis XI,* **<TYP>**V.M., t.10,**</TIT><DATE>** 1478,**</DATE><PAGE>** 411**</PAGE>**).**</REF>**

<NUM>– </NUM><LOC>*Abréger son affaire, sa voie, le cas.* **</LOC><DEFM>**"Mettre un terme à une situation, hâter les choses" :**</DEFM><EXE>** Je vueil (...) que bien tost y soies, Si **<OCC>***abrege-ras***</OCC>** moult tes voies. **<REF>**(**<TIT>***Mir. enf. diable,***</TIT><DATE>** c.1339,**</DATE><PAGE>** 52**</PAGE>**).**</REF></EXE><EXE>** Seigneurs, **<OCC>***abreigons***</OCC>** nostre affaire : Puis qu'il a noz diex en despit, Faisons le mourir. **<REF>**(**<TIT>***Mir. st Panth.,***</TIT><DATE>** 1364,**</DATE><PAGE>** 355**</PAGE>**).**</REF></EXE><EXE>** Va tost, mon amoureux desir, Sur quanque me veulx obeir, Tout droit vers le manoir de Joye ; Et pour plus **<OCC>***abregier***</OCC>** ta voye, Prens ta guide Doulx Souvenir. **<REF>**(**<AUT>**CH. D'ORLÉANS,**</AUT><TIT>** *Chans.* **<TYP>**C.,**</TIT><DATE>** c.1415-1440,**</DATE><PAGE>** 231**</PAGE>**).**</REF></EXE><EXE>** Jamais je ne vueil arrester Tant que dedens la cyté soye Et, pour plus **<OCC>***abregier***</OCC>** ma voye Et racompter ceste maniere, Je lairray ma cruche derriere Tant que je soye retournee. **<REF>**(**<AUT>**GRÉBAN,**</AUT><TIT>** *Pass.* **<TYP>**J.,**</TIT><DATE>** c.1450,**</DATE><PAGE>** 157**</PAGE>**).**</REF></EXE><EXE>** Et ainsi donc vous conscentez Sa mort pour le cas **<OCC>***abregier***</OCC>** ? **<REF>**(**<AUT>**GRÉ-BAN,**</AUT><TIT>** *Pass.* **<TYP>**J.,**</TIT><DATE>** c.1450,**</DATE><PAGE>** 277**</PAGE>**).**</REF></EXE><EXE>** Griffon, va t'en dire au geolier Que Barrabas soit desserré, Et l'amaine tout enferré Pour son cas tantost **<OCC>***abreger***</OCC>**. **<REF>**(**<AUT>**MICHEL,**</AUT><TIT>** *Myst. Pass.* **<TYP>**J.,**</TIT><DATE>** 1486,**</DATE><PAGE>** 356**</PAGE>**).**</REF></EXE><EXE>** Avant, Jesus, fay ton debvoir, **<OCC>***Abbrege***</OCC>** le cas : il n'est tel ! Se tu es le Dieu d'Israël, Si descens de ceste croix haulte Et nous croyons en toy sans faulte. **<REF>**(**<AUT>**MICHEL,**</AUT><TIT>** *Myst. Pass.* **<TYP>**J.,**</TIT><DATE>** 1486,**</DATE><PAGE>** 410**</PAGE>**).**</REF></EXE>**

<NUM>2. </NUM><EMPL>[Le compl. d'obj. désigne une action qui n'a pas encore commencé] **</EMPL><DEFM>**"En hâter la survenance, faire arriver plus tôt " :**</DEFM><EXE>** Dieu, par sa puissance infinie, **<OCC>***Abrege***</OCC>** ce faict gracïeux, Affin que le fruict precïeux Puissions humblement recepvoir. **<REF>**(**<TIT>***Myst. Pass. Troyes* **<TYP>**B.,**</TIT><DATE>** a.1482,**</DATE><PAGE>** 212**</PAGE>**).**</REF></EXE><EXE>** Et quant on se voulut retraire, les enbaxadeurs s'en vindrent par devers le duc et lui dirent : "Monseigneur, le roy, noustre souverain seigneur, desire moult fort noustre retour ; et pour se, s'il vous plaisoit **<OCC>***abreger***</OCC>** l'alee de la royne Satine et que nous la menessons avecques, le roy en auroit ung grant plaisir." **<REF>**(**<TIT>***Charles de Hongrie* **<TYP>**C.,**</TIT><DATE>** c.1495-1498,**</DATE><PAGE>** 12**</PAGE>**).**</REF></EXE><EXE>** Les deux traistres, joyeulx de la mort de leur seigneur, se partirent le plus legierement qu'ilz purent et allerent au palais, la ou la dame estoit, qui parloit a Guillaume d'Argence qui estoit nagueres venu de Mayance de par Doon, qui l'avoit envoyé sçavoir et enquerir de la mort de Beufvon l'enfant pour le mariage **<OCC>***abreger***</OCC>**. **<REF>**(**<TIT>***Beufves Hant.* **<TYP>**I.,**</TIT><DATE>** c.1499-1503,**</DATE><PAGE>** 16**</PAGE>**).**</REF></EXE>**

L'ORDRE ALPHABÉTIQUE DANS LES DICTIONNAIRES DE LANGUES AFRICAINES

Résumé

De plus en plus de dictionnaires de langues africaines voient le jour. Qu'ils soient l'oeuvre de linguistes professionnels ou d'amateurs, ils doivent faire face au difficile problème du classement des entrées. Généralement, les auteurs optent pour des orthographes pratiques (1) excluant tout signe qui ne figurerait pas dans l'alphabet latin, ou (2) adoptent des signes supplémentaires, dérivés de l'alphabet latin ou grec. Leurs pratiques divergent aussi sur le sort à réserver aux digraphes. Deux pôles se dégagent, l'un prônant une fidélité maximale à l'ordre de l'alphabet latin, l'autre mettant en avant un classement qui découle d'une analyse phonologique.

Summary

More and more dictionaries of African languagues appear. They may be the work of professional linguists as well as amateurs. In every case, they have to face the difficult problem of classifying the headwords. Generally, the authors adopt practical orthographies (1) excluding any letter which is not found in the Latin alphabet, or (2) they adopt additional letters, derived from the Latin or the Greek alphabet. They diverge also regarding the treatment of digraphs. Two attitudes emerge; some follow as strictly as possible the Latin alphabet order, the others base their practice on phonological analysis.

Le classement des entrées

Le dictionnaire doit présenter les mots de la langue de façon pratique. Pour ce faire, on a recours à un ordre arbitraire, reposant uniquement sur l'alphabet latin, ou incluant d'autres critères supplémentaires.

Les pratiques divergentes des auteurs de dictionnaires ou de lexiques de langues africaines ne sont pas pour simplifier la tâche des utilisateurs. Comme entrée en matière, nous donnerons le principe de classement retenu par quatre auteurs pour la langue peule:

> * *fulfulde* (Taylor 1932)
>
> a/ā, b/ḅ/mb, ch, d/ḍ/nd, e/ē, f, g/ng, h, i/ī, j/nj, k, l, m, n, o/ō, p, r, s, t, u/ū, w, y/ỵ/ny

* *fulfulde* (Sow 1971)

a, e, i, o, u, b, ɓ, mb, c, d, ɗ, nd, f, g, ng, h, j, nj, k, l, m, n, ŋ, ny, p, q, r, s, t, w, x, y, ƴ, z

* *fulfulde* (Zubko 1980)

a, e, i, o, u, b, ɓ, mb, c, d, ɗ, nd, f, g, ng, h, j, nj, k, l, m, n, ŋ, ñ, p, q, r, s, š, t, v, w, x, y, y', z

* *fulfulde* (Noye 1989)

', a/aa, e/ee, i/ii, o/oo, u/uu, b/^{n}b, ɓ, c, d/^{n}d, ɗ, f, g/^{n}g, h, j/^{n}j, k, l, m, n, ŋ/^{n}g, ñ, p, q, r, s, t, v, w, y, ƴ, z

L'ordre alphabétique

L'auteur d'un dictionnaire ne peut ignorer l'ordre alphabétique latin: a, b, c, d, e, f, g, h, i, j, k, l, m, n, o, p, q, r, s, t, u, v, w, x, y, z.

Certains (Tilahun Gamta 1989) vont jusqu'à torturer la graphie de la langue pour ne pas avoir à utiliser d'autres signes que ceux qui figurent dans cet alphabet latin, jonglant avec les majuscules et les minuscules, et les interclassant (voir en Annexe).

Ce n'est pas une solution, et la grande majorité des langues africaines ne peuvent se transcrire de façon satisfaisante sans faire appel à des signes supplémentaires, phonétiques, généralement dérivés des signes de l'alphabet latin, ou même de l'alphabet grec.

Dans ce cas, on classe généralement le nouveau signe immédiatement après la lettre de l'alphabet latin dont il est dérivé. Ainsi, le «b crossé» [ɓ] sera classé immédiatement après le «b»; le «d crossé» [ɗ], immédiatement après le «d».

Les problèmes commencent lorsque, dans une même langue, plusieurs signes phonétiques sont dérivés d'une même lettre de l'alphabet latin. Supposons le cas où l'on aurait à la fois «n», la «nasale vélaire» [ŋ] et la «nasale palatale» [ɲ], le tout noté avec un signe simple (excluons pour l'instant des transcriptions en «ng» et en «ny»). Aucune convention n'indique si l'on doit mettre d'abord la nasale vélaire, ou bien la nasale palatale.

L'ordre phonologique

Une tentative de rationalisation extrême du classement des unités du lexique a été pratiquée dans la mouvance du laboratoire de J.M.C. Thomas (Bouquiaux et Thomas 1976). L'idée est que chaque langue a son organisation propre dans tous les domaines, et qu'il n'y a aucune raison pour qu'on impose à une langue africaine un ordre alphabétique hérité du latin.

En conséquence, on décide que l'ordre d'apparition des graphèmes (simples [p, t, k] ou complexes [mb, nd, ng] ...) sera celui de l'inscription des phonèmes dans le tableau phonologique de la langue. On suivra l'axe des ordres, qui ordonne les phonèmes suivant leur point d'articulation. Par exemple, cela donnera quelque chose comme: p, b, ɓ, mb, m, w, t, d, ɗ, nd, n, c, j, ny, k, g, , ng ... On peut citer Fédry (1971) comme l'un des premiers à appliquer cette méthode de classement.

Le problème, avec ce genre de classement, c'est qu'il est totalement tributaire de l'analyse phonologique de la langue, et de la subjectivité de l'analyste. Dans l'exemple fictif ci-dessus, on pourrait tout aussi bien envisager que le «w» soit classé avec l'ordre des vélaires, ce qui le renverrait beaucoup plus loin dans la liste des graphèmes; de même, tous les auteurs ne classeraient pas les mi-nasales (mb, nd, ng ...) avant les nasales dans leur tableau.

Cette logique a été poussée à l'extrême par M. Sachnine (1982) pour le lamé:

> «Les entrées sont présentées phonologiquement, selon les ordres, pour les consonnes en commençant par les glottalisées, puis les occlusives (sourdes, sonores), les fricatives (sourdes, sonores) etc., pour les voyelles, en commençant par les plus fermées (...); l'ordre des tons est le suivant: haut, moyen, bas. Les voyelles nasales suivent les voyelles orales.
>
> Les items sont classés selon leur structure syllabique, en commençant par les structures les plus simples jusqu'aux plus complexes (monosyllabes, dissyllabes, etc.). Ajoutons que les termes en CV1V2 ou en CV.CV1V2 sont classés, respectivement, après les CV et CV.CV, que leur réalisation soit monosyllabique ou dissyllabique. Les termes en CV1V2.CV(C) sont classés entre les CV.CVC et les CVC.CV.»

Comme on l'aura vu, un nouveau raffinement est introduit: la prise en considération du schème syllabique. Ainsi, à initiale égale, on listera d'abord tous les monosyllabes, puis tous les dissyllabes, etc. L'erreur, en la matière, est de vouloir faire en sorte que le dictionnaire rende compte de l'analyse phonologique.

Il faut dire que le résultat est en conséquence: il est pratiquement impossible de trouver quelque mot que ce soit à moins de parcourir des yeux plusieurs pages.

L'ordre alphabéto-phonologique

Pour remédier à cet inconvénient rédhibitoire, de nombreux autres lexicographes ont opté pour une solution moyenne: on considère alors que chaque phonème constitue un graphème. On aura alors des graphèmes simples (p, b, m ...), et des graphèmes complexes (mb, nd, ng ...), que l'on classera par ordre alphabétique.

Un bon exemple de cette procédure est donnée par Barreteau (1988). Dans son lexique mofu, les mots sont classés d'après leurs consonnes, dans un ordre où digraphes et trigraphes sont considérés comme des unités. L'ordre des consonnes est le suivant: b, ɓ, c, d, ɗ, f, g, gb, gw/gu, h, hw/hu, j, k, kp, kw/ku, l, m, mb, mgb, n, nd, nj, ng, ngw/ngu, p, r, s, sl, t, v, vb, w, y, z, zl, ʔ.

Ce type de classement viole, bien sûr, l'ordre de l'alphabet latin, puisque, par exemple, tous les mots commençant par «g» seront placés avant ceux qui commencent par «gb». Soit l'exemple fictif suivant: «gawar, goyor, guyur, gbar, gborom ...» Un ordre purement alphabétique donnerait la disposition suivante: «gawar, gbar, gborom, goyor, guyur ...»

Pour utiliser un ouvrage conçu selon ce principe, on doit encore avoir à l'esprit le phonème; une recherche purement visuelle ne peut se faire. En outre, il faut modifier sérieusement le classement automatique standard que peut faire un ordinateur, si on veut l'utiliser comme outil de recherche.

Le même auteur, en collaboration avec Y. Le Bléis, a adopté une philosophie analogue pour un dictionnaire mafa (1990).

Ajoutons que Barreteau (1988) et Barreteau & Le Bléis (1990) ont introduit un principe nouveau dans le classement d'une langue africaine, qui peut parfaitement se justifier dans le cas de certaines langues tchadiques. Ce principe consiste à classer les mots uniquement d'après leur squelette consonantique, la voyelle n'intervenant que dans les cas où plusieurs mots ont exactement le même squelette consonantique. Leur décision leur a été inspirée par le fait qu'il n'est pas aisé, dans ces langues, de distinguer le timbre vocalique, qui est fortement «coloré» par l'entourage consonantique, et susceptible d'interprétations variées.

L'ordre alphabétique masqué

L'une des pratiques les plus étonnantes en la matière est celle que l'on a appliquée à l'afar (Parker et Hayward 1985). L'ordre de classement des entrées de leur dictionnaire est le suivant: a, q (2), b, d, x (1), e, f, g, h, c (3), i, k, l, m, n, o, r, s, t, u, w, y. On ne peut manquer d'être surpris par la place de «q», «x» et «c». En effet, ces graphèmes ne sont pas à leur place alphabétique «normale». En fait, ces auteurs ont classé par ordre alphabétique les phonèmes de la langue, en incluant ceux qui n'ont pas de correspondant dans l'alphabet latin immédiatement après ceux dont le point d'articulation se rapproche le plus. Logiquement, l'occlusive sonore post-alvéolaire rétroflexe (1) a été placée après «d» (ce phonème se réalise comme une battue rétroflexe en position intervocalique); de même, la fricative pharyngale sonore (2), qui se rapproche d'un timbre vocalique, a été placée après «a», et la fricative pharyngale sourde (3) après «h». Dans un deuxième temps, Parker et Hayward ont plaqué sur ces phonèmes (1), (2) et (3) des représentations graphiques inhabituelles, tout en les maintenant, dans l'alphabet, à la même place. On obtient ainsi un ordre qui pourrait se justifier pour des lecteurs-scripteurs qui ne devront jamais avoir accès à aucune autre langue transcrite en caractères latins.

A la décharge de ces auteurs, on doit mentionner qu'ils étaient contraints de tenir compte de trois graphies préexistantes et concurrentes, et qu'ils avaient une marge de manoeuvre réduite (Parker et Hayward 1985, pp. 6-7).

Conclusion

Il faut dire et répéter que le classement alphabétique des caractères employés pour transcrire une langue n'a pas à préjuger d'un quelconque classement phonologique; il ne doit pas non plus exiger une prononciation à voix haute pour se comprendre.

On doit également considérer que l'utilisateur du dictionnaire bilingue a, par définition, connaissance d'une deuxième langue, internationale et de vaste extension, qui peut être, dans le cas de l'utilisateur africain, le français, l'anglais, le portugais etc. Ce n'est donc pas lui rendre service que de créer artificiellement, au nom d'une «authenticité» ou d'une «spécificité» quelconques, une grille de classement en contradiction avec celle qu'il utilise déjà.

Un auteur comme R. Schuh a, depuis longtemps déjà, montré tout l'intérêt pratique qui découle de l'application stricte d'un véritable classement alphabétique des entrées du dictionnaire:

* *ngizim* (Schuh 1981)

ə, a, b, ɓ, c, d (incluant dl), ɗ, e, f, g (incluant gw), h, i, j, k (incluant kw), l, m (incluant mb), n (incluant nd, ng, ngw, ny), o, p, r (incluant r̰), s (incluant sh), t (incluant tl), u, v, w, y, 'y, z (incluant zh).

Annexe:
Quelques grilles de classement des entrées du dictionnaire

* *dangaléat* (Fédry 1971)

a, ɛ, ə, i, ɔ, o, u, p, b, ɓ, m, w, t, d, ɗ, n, ty, dy, ɗy, ny, y, k, g, ŋ, r, l, s, z

* *lamé* (Sachnine 1982)

ɓ, p, b, f, v, mb, m, w, ɗ, t, d, ɬ, ɮ, nd, n, l, r, ts, dz, s, z, ndz, ɲ, y, ʔ, k, g, h, ḥ, ŋg, ŋ; cv, cvv, cvc, cvcv, cvcvv, etc.

* *mafa* (Barreteau et Le Bléis 1990)

b, ɓ, c, d, dz, ɗ, f, g, gh, ghw, gw, h, hw, j, k, kw, l, m, ḿ, mb, n, ń, nd, ndz, ng, ngw, nj, p, r, s, sh, sl, t, ts, v, w, y, z, zh, zl, ’

* *oromo* (Tilahun Gamta 1989)

a, b, c/C, d/D, e, f, g, h, i, j, k/K, l, m, n/N, o, p/P, r, s/S, t/T, u, w, y, z

C: palatale glottalisée
D: occlusive alvéolaire glottalisée
K: occlusive vélaire glottalisée
N: nasale palatale [ñ]
P: occlusive labiale glottalisée
S: [š]
T: occlusive dentale glottalisée
ʔ: occlusive glottale (non notée à l’initiale de mot)

Bibliographie

BARRETEAU Daniel et LE BLÉIS Yves, 1990, *Lexique mafa*, Paris, P. Geuthner, 473 p.

BARRETEAU Daniel, 1988, *Description du mofu-Gudur, Livre II, Lexique*, 480 p.

BOUQUIAUX Luc et Jacqueline M.C. THOMAS (éds), 1976 (2e éd.), *Enquête et description des langues à tradition orale*. 3 vols., 950 p., planches, tableaux.

FÉDRY Jacques, 1971, *Dictionnaire dangaléat (Tchad)*, Lyon, Afrique et Langage, XII + 434 p. + planches.

NOYE Dominique, 1989, *Dictionnaire foulfouldé, dialecte peul du Diamaré*, Nord-Cameroun, Garoua / Procure des Missions, Paris / P. Geuthner, XV + 425 p.

PARKER E. M. et R. J. HAYWARD, 1985, *An Afar-English-French Dictionary*, London, School of Oriental and African Studies, 306 p.

SACHNINE Michka, 1982, *Dictionnaire lamé-français*, Paris, SELAF, 307 p.

SCHUH Russell G., 1981, *A Dictionary of Ngizim*, Berkeley - Los Angeles - London, University of California Press, XXIV + 231 p.

SOW Alfâ-Ibrâhîm, 1971, *Dictionnaire élémentaire fulfulde-français-english elementary dictionary*, Niamey, CRDTO, 166 p.

TAYLOR F. W., 1932, *A Fulani-English Dictionary*, Oxford, Clarendon Press, VIII + 242 p.

TILAHUN Gamta, 1989, *Oromo-English Dictionary*, s.l. (imprimé sur les presses de l’Université d’Addis-Abeba [AAU], XXI + 608 p.

ZOUBKO G. V., 1980, *Dictionnaire peul (fula)-russe-français*, Moscou, Langue Russe, 600 p.

Henry TOURNEUX[1]

1. Langues, Langues et Cultures d’Afrique Noire (CNRS), 4 ter, Route des Gardes, 92190 Meudon.

DICTIONNAIRE DES RACINES VERBALES DU PEUL TRILINGUE (PEUL-FRANÇAIS-ANGLAIS) ET PLURIDIALECTAL[1]

Résumé

Etant données les règles d'organisation lexicale propres à la langue peule, le recensement des racines verbales s'avère l'opération de base pour la constitution d'un Dictionnaire général de cette langue. De plus les structures canoniques de la racine verbale permettant de construire une grille de toutes les racines potentielles, on peut espérer obtenir grâce à ce filtre, une liste exhaustive. Ce travail a été effectué pour les quatre aires dialectales principales: Sénégal, Mali (région du Massina), Nigeria et Cameroun et a abouti à l'élaboration d'un Dictionnaire des racines verbales du peul, trilingue (peul-français-anglais) *et pluridialectal.*

Cet exposé a pour objectif d'expliquer les principes de présentation qui y ont été adoptés pour fournir à l'utilisateur, non seulement les correspondances sémantiques dans les trois langues mais aussi un maximum d'indications d'ordre linguistique permettant une exploitation de ces données dans la perspective d'une recherche dialectologique ou même plus générale.

Abstract

Considering the linguistic rules of lexical creation peculiar to the Fulani language (or Fulfulde), an inventory of all the existing verbal roots seemed to be the first and easiest step that should be undertaken for the constitution of a general dictionary of that language; so much so that the canonical structures of verbal roots allowing for the construction of a grid providing for all the potential ones, by systematically referring to them, one could reasonably hope to obtain an exhaustive list of all the existing verbal roots. This confrontation has been worked out for the four major dialect areas: Senegal, Masina in Mali, Nigeria and Cameroon the result of what is a Trilingual (Fulfulde-French-English) and multidialectal dictionary of the verbal roots in Fulfulde.

This paper intends to explain the principles which have been adopted for the presentation of the dictionary; presentation which has been organized in such a way that not only it gives the semantic correspondances in the three languages, but also it provides for a maximum of linguistic informations which could be fruitfully used for researches in dialectology or even in a more general project about Fulfulde.

1. *Dictionnaire pluridialectal des racines verbales du peul, (peul-français-anglais). A Dictionary of Verb Roots in Fulfulde Dialects (Fulfulde-French-English)*, Paris, Karthala (LII + 998 p.) (sous presse).

Objectifs

Ce dictionnaire n'a pour modeste ambition que de pouvoir servir de première pierre à un Dictionnaire général de la langue peule pour lequel on peut souhaiter que se mobilisent un jour les énergies de tous les «foulanisants».

Comme pour tout dictionnaire de traduction, son objectif premier est certes de fournir des équivalents sémantiques dans les langues cibles (français et anglais); mais en tant que dictionnaire pluridialectal, il fournit aussi, avec les correspondances sémantiques d'un dialecte à un autre, un maximum d'indications d'ordre linguistique. S'il ne traite pas de la totalité des dialectes, entreprise encore irréalisable vu la complexité de la situation, du moins s'y trouvent représentées les quatre grandes zones dialectales principales: Sénégal (Foûta Tôro), Mali (Massina), Nigeria et Cameroun.

Enfin, quelque peu atypique de par ses objectifs et sa conception, ce dictionnaire propose comme première base un recensement, pour ces quatre aires dialectales, des items de la catégorie verbale.

Rappel des caractéristiques de la langue

La langue peule fait partie du groupe atlantique occidental des langues de la famille nigéro-congolaise. On la trouve dans toute la zone sahélienne et l'étendue de son aire a pour corollaire sa diversification en dialectes. C'est une langue à classes (25 en moyenne) et elle comporte un système d'alternances consonantiques (du singulier au pluriel et pour les formes à sujet suffixé, pour les verbes, et selon les classes pour les nominaux). Elle connaît trois voix: active, passive et moyenne. Le verbe est constitué d'une racine (dont nous verrons plus loin la forme canonique) à laquelle peuvent être ajoutés des suffixes de dérivation (tant sémantiques que syntaxiques) et diverses marques: voix, aspect, forme affirmative/négative.

Précisions préalables

L'intitulé de ce dictionnaire est en fait un abus de langage, utilisé par commodité, puisque:

1°) vu le système de formation de la catégorie verbale en peul, si l'ensemble des racines recensées ici est effectivement constitué pour l'essentiel de racines originellement verbales, il comprend aussi quelques racines ou radicaux d'origine autre que verbale;

2°) de plus, comme on pourra le constater, ne figurent pas que les racines nues mais aussi, dans un certain nombre de cas — que nous justifierons —, des racines affectées de suffixes de dérivation.

Pourquoi un répertoire des racines verbales?

Le choix de ce stock lexical (les racines verbales) comme objet d'un premier recensement est justifié par des raisons d'ordres divers:

1°) vu l'étendue de l'aire peule et la diversification dialectale de la langue en raison des migrations et de la diaspora qui ont mis en contact les locuteurs avec des langues différentes, il apparaît que c'est dans la catégorie verbale qu'on a le plus de chance de trouver un stock lexical qui soit commun à l'ensemble de cette aire, les emprunts aux langues voisines portant généralement davantage sur les nominaux;

2°) en raison de sa structure morphologique même: CVC/ CVVC/ CVCC/ CVC1C2 (C1: l, m, n, r, s, w, y), c'est cette catégorie qui se prête le mieux à une exploration systématique; en effet, les formes canoniques des racines permettent de filtrer, à partir d'un inventaire de toutes les combinaisons de phonèmes potentielles, les combinaisons qui ont été retenues par la langue et d'obtenir ainsi la liste en principe exhaustive des racines existantes. Les recenseurs disposaient de cette façon d'une sorte de grille sécurisante, qui puisse assurer son unité et sa cohérence à une collecte des données effectuée sur des terrains et avec des moyens très différents;

3°) en raison de la régularité du système de dérivation (chaque suffixe correspondant à une modalité particulière et l'ordre d'enchaînement des suffixes étant préétabli), il était possible, d'une manière très économique, de répertorier les racines originelles sans avoir besoin d'en signaler tous les dérivés, le sens de ceux-ci étant aisément déductible;

4°) de par son unité et sa cohérence, ce stock lexical se prêtait le mieux à une exploitation dans le domaine de la dialectologie, en offrant un terrain de choix au comparatisme; c'est dans cette perspective que je me suis efforcée d'élaborer une présentation qui permette de repérer de la façon la plus efficace et la plus immédiate possible:

- les racines communes à tous les dialectes,
- les variantes d'un dialecte à l'autre et à l'intérieur d'un même dialecte,
- les correspondances phonétiques d'un dialecte à un autre,
- la variation, d'un dialecte à un autre, dans la transformation des phonèmes en contact (assimilation progressive ou régressive, différenciation, abrègement, etc.),
- les différences morphologiques (voix, alternance de l'initiale),
- les évolutions sémantiques.

N.B. Notons que, à cet effet, je me suis interdit toute intervention normative qui eût pu se justifier, à l'intérieur d'un même dialecte, mais qui, dans la perspective dialectologique adoptée, me paraissait abusive, dans la mesure où les éventuelles variations dans les réalisations pouvaient fournir des indications précieuses sur des phénomènes d'évolution phonétique. Ainsi arrive-t-il que soient signalées des réalisations concurrentes dans un même dialecte, du seul fait qu'elles sont attestées, comme par exemple une racine CVVC1C2, réalisée aussi CVC1C2 par abrègement de la voyelle longue en syllabe fermée.

C'est donc cette présentation que je me propose d'exposer ici en explicitant les raisons des principes adoptés et en montrant quelques exemples de l'exploitation qui peut être faite des données ainsi présentées.

Principes de présentation

Système de transcription

Sont ici respectées les conventions orthographiques décidées par la *Réunion d'experts pour l'unification des alphabets des langues nationales* qui s'est tenue à Bamako en 1966 sous l'égide de l'UNESCO et dont les recommandations, appliquées depuis trente ans par la majorité des pays intéressés, ont fini par acquérir force de loi (à de très rares exceptions près: ñ au lieu de ny, au Sénégal, par exemple).

Ordre alphabétique

L'expérience des divers ordres de présentation adoptés par les dictionnaires existants nous a convaincue de nous en remettre à l'ordre alphabétique des langues cibles qui est donc suivi ici rigoureusement, pour faciliter le repérage purement visuel des items sans aucune préoccupation linguistique:

' b ɓ c d ɗ f g h j k l m mb n nd ng nj ny ŋ p r s sh t v w y ƴ

N.B. La seule entorse à l'ordre alphabétique français concerne l'absence de chapitres pour les voyelles; en effet, aucune racine peule ne commençant par une voyelle, nous avons préféré maintenir un chapitre (le premier) regroupant toutes les racines qui comportent l'occlusive glottale à l'initiale, bien que, par convention orthographique arbitraire et par souci de simplification, celle-ci ne soit pas écrite en cette position, mais seulement à l'intervocalique.

Présentation en colonnes

Chaque colonne correspond à une indication distincte:

I: entrée
II: dialecte
III: origine
IV: a) permutation initiale
b) voix
V: sens

ex.:	I	II	III	IV	V
	war-	M		g- -a	1) venir, arriver; survenir / *came.*
		N			2) être sur le point de, être près de (faire), en venir (faire), en venir à / *be about to; be on the point of.*
		A			

ex.:	I	II	III	IV	V
	warj-	N+	A	b- -o	récompenser, donner en retour, rétribuer / *recompense, requite, reward.*
		Ad			
	(barj-)	M			

I. Première colonne: entrée

Dans la première colonne figurent les racines et radicaux verbaux retenus:

1. racine nue représentée
- **a**) racines d'origine verbale
  - racines conformes à la forme canonique (voir *supra*)
  - radicaux verbaux à forme complexe indécomposable (comme par exemple les emprunts à l'arabe)
- **b**) racines d'origine autre que verbale mais utilisées comme telles (racine adjectivale, ou formation verbale à partir d'un nom, d'un idéophone, d'un adverbe, d'une exclamation: cas rares).

2. racine nue non représentée
- **a**) radicaux verbaux apparemment décomposables, mais dont on ne trouve pas une racine nue représentée dans la langue
- **b**) racines + suffixes de dérivation verbale obligatoires (avec racine adjectivale, par exemple)

3. racine nue représentée mais
- **a**) différence entre le sens attendu et le sens réel du dérivé
- **b**) ambiguïté créée par modification d'ordre phonétique (variant selon les dialectes) due à l'adjonction du suffixe de dérivation.

Les racines homophones — qu'il s'agisse d'homophonie d'origine ou secondaire (résultat de suffixation) — sont numérotées en chiffres romains.

Figurent aussi dans cette colonne, placées sous l'entrée, un certain nombre d'indications complémentaires précédées des signes <, / ou mises entre parenthèses; il s'agit de:

A. Racine originelle

Précédée du signe <, la racine originelle est signalée pour les cas suivants:

a) racine originelle masquée par les modifications phonétiques entraînées par l'adjonction d'un suffixe de dérivation

	I	V
ex.:	**ha't-** <haɗ-	se priver, se retenir; renoncer à
	hand- <haɗ-	fermer au verrou; obstruer; interdire

b) homophonie entre un dérivé et une racine originelle

	I	V
ex.:	**hatt-** III <haɗ-	s'interdire (qqch.); s'abstenir

hatt- IV tresser ensemble trois ou quatre torons ou lanières (fibres, vannerie)

c) nécessité d'identifier la racine de dérivés issus de racines originelles homophones

	I	V
ex.:	**haann-** I	assaisonner excessivement
	<haaɗ- I	
	haann- II	donner pour limite ...
	<haaɗ- II	

B. Variantes et synonymes

1. Précédés du signe /, sont signalées les variantes qui, dans le dialecte indiqué, coexistent avec la forme de la racine telle qu'elle figure dans l'entrée:

a) pour le même dialecte que celui de l'entrée:

• variante(s) d'ordre phonétique

	I	II	V
ex.:	**iif-**	A	sangloter, hoqueter, pleurnicher
	/ƴiif-		
	holɓ- II	N	(famine) affamer, épuiser
	/homɓ-		

• synonyme(s)

	I	II	V
ex.:	**timp-**	P	tirer à l'arc
	/famp-		
	tint- III	N	poser des devinettes
	/taal-		

b) pour un dialecte différent de celui de l'entrée:

• variante(s) d'ordre phonétique ou morphologique, placée(s) dans la première colonne, à la hauteur du sigle du dialecte concerné

	I	II	V
ex.:	**uw-**	P	ensevelir, inhumer
	/ubb-I, uf-I		
	/uf- I	Mgb	*id.*; enfouir
		N	*id.*
	/uv-	A	*id.*
	faat-	P	être peu dégourdi, faible, minable
	/faat-iɗ-	M	*id.*; être balourd, simplet

N.B. L'absence d'indication face au N indique que la seule forme utilisée au Nigeria est celle de l'entrée, **uw-**, alors que P connaît les trois variantes: **uw-**, **ubb-** et **uf-**, Mgb, les deux variantes **uw-** et **uf-** et enfin A, les variantes **uw-** et **uv-**.

• synonyme(s)

	I	II	V
ex.:	**heeg-**	P	avoir faim; souffrir de la famine
	/hooƴ- II		
	/heyɗ- I	Mft	*id.*

2. Entre parenthèses figurent les variante(s) et synonyme(s) qui ne coexistent pas avec la racine donnée en entrée, mais qui, pour le dialecte indiqué, lui correspondent sémantiquement (sens premier, uniquement).

a) variante(s):

	I	II	V
ex.:	**faccir-**	P	analyser, commenter
	(faccit-)	M	

b) synonyme(s)

	I	II	V
ex.:	**tinnd-**	P	dire un conte
	(taal-)	M	
	tolf-it-	M	couper d'un coup net
	(tok- III)	N	

c) variante(s) et synonyme(s)

	I	II	V
ex.:	**haart-** II	M	se racler la gorge
	/hart- III	N	*id.*
		Ad	*id.;* tousser; expectorer
	(haak-t-, kaak-t-)	P	
	(hart- III)	A	

Pour résumer, le signe / précédant une variante signifie que, pour le dialecte concerné, la racine existe sous les deux formes: celle donnée en entrée et celle signalée par ce signe comme variante; au contraire, les parenthèses encadrant une variante ou un synonyme indiquent que, pour le dialecte concerné, la forme donnée en entrée n'existe pas et que celle présentée entre parenthèses en fournit l'équivalent sémantique mais correspondant exclusivement au premier sens donné.

II. Deuxième colonne: dialecte

A. Sigles: signalisation des dialectes

P pour le *pulaar* du Sénégal
M pour le *fulfulde* du Mali
N pour le *fulfulde* (ou *fula*) du Nigeria
A pour le *fulfulde* du Cameroun (région de l'Adamaoua)

L'emploi de la majuscule signifie que la forme donnée en entrée est d'un usage général dans l'ensemble de l'aire dialectale concernée; des indications plus raffinées signalant l'usage exclusif d'une forme dans un sous-dialecte précis, sont reflétées par des sigles complémentaires adjoints à ces majuscules, sous la forme de lettres minuscules.

ex.: A: Adamaoua
Ad: Adamaoua, Diamaré
An: Adamaoua, groupes nomades (*Jaafun, Mbororo*)

B. Présentation des dialectes

L'ordre des dialectes suit l'ordre géographique, orienté d'ouest en est: P, M, N, A (P pour *pulaar* du Sénégal, Mali, Nigeria, Cameroun). Il est strictement respecté tant dans la succession des variantes dialectales à l'intérieur d'une entrée que dans celle des entrées homophones.

Plusieurs cas se présentent:

1. Identité de forme et de sens

	I	II	IV	V
ex.:	**taam-** I	P	-o	faire ses ablutions rituelles avec du sable ou de la terre, en l'absence d'eau
		M		
		N		
		A		
	taaɗ-	M	-a	1) être lent; marcher à pas lents, traîner en longueur
		An		2) prendre du retard
	das-	P	-a	tirer, traîner par terre
	/daas	N		
		A		

N.B. Les indications données dans toutes les autres colonnes étant valables pour tous les dialectes signalés, l'interlignage entre les sigles correspondant à ceux-ci est réduit.

2. Modification d'un dialecte à un autre

2.1. L'entrée est identique pour les dialectes cités, et les modifications sont d'ordre morphologique (permutation de la consonne initiale ou voix) et/ou sémantique.

	I	II	IV	V
ex.:	**waany-** I	P	b- -a	chasser (*tr.*)
			-o	chasser (*intr.*)
		M	b- -o	1) partir chasser en brousse
				2) être berger (des animaux d'autrui)

N	g- -a	1) se déplacer sur une vaste étendue; voyager 2) rôder
Ad	g- -a	aller et venir nombreux; se déplacer sur un espace restreint
An	g- -a	fourmiller, grouiller

2.2. L'entrée est commune à tous les dialectes cités, mais celle-ci comprend, en outre, des variantes; l'ordre des dialectes étant immuable, il peut entraîner des répétitions dans l'une ou l'autre colonne:

a) la variante est la même pour tous les dialectes cités et seuls les traits morphologiques ou les sens diffèrent:

	I	II	IV	V
ex.:	**umm-**	P	-o	1) se lever
	/imm-			2) partir de, quitter (un lieu)
	/imm-	M	-o	*id.* 1); se mettre en mouvement; se mettre en route
	/imm-	N	-o	*id.* 1); (guerre) éclater

b) sens et traits morphologiques sont les mêmes pour tous les dialectes cités: la répétition du trait concerné et l'identité du sens sont signalées par l'indication *id.*; toutefois:

- soit la variante, bien qu'identique, ne concerne pas tous les dialectes cités

	I	II	IV	V
ex.:	**ommb-**	P	-a	recouvrir d'un couvercle, fermer un récipient
	/omnd-			
		M	-a	*id.*
		N		
	/omnd-	A	-a	*id.*

N.B. Sens et voix sont les mêmes pour tous les dialectes, mais la variante **omnd-** existe pour P et A alors que M et N ne connaissent que la forme donnée en entrée, ce dont rend compte le vide dans la colonne I, face à ces deux sigles.

- soit les variantes diffèrent d'un dialecte à l'autre

	I	II	IV	V
ex.:	**ubb-** II	P	-a	gronder, rugir
	/uɓɓ-			
	/ugg- I	Mgb	-a	*id.*
		A	-a	*id.*

N.B. La présentation signifie ici qu'on ne rencontre la variante **uɓɓ-** I qu'en P, celle pour Mgb étant **ugg-** I, et A n'ayant aucune des deux et ne connaissant que la forme de l'entrée: **ubb-** II.

2.3. L'entrée n'est pas commune à tous les dialectes cités

Lorsque, pour le premier sens de la racine donnée en entrée, les autres dialectes utilisent soit une variante soit une autre racine, celles-ci sont signalées entre parenthèses et en dernière position dans la première colonne, face au sigle du dialecte concerné, les sigles des dialectes respectant toujours l'ordre P M N A (cf. *Première colonne*, B 2.c).

	I	II	IV		V
ex.:	**aacc-**	P	g-	-a	ruminer
	/aaƴt-			-o	mastiquer, mâcher (pour les humains)
	(waacc-)	M			
	(waas- III)	A			
ex.:	**doon-** II	Mgb		-o	faucarder
	(bal-)	M			

III. Troisième colonne

Cette colonne est réservée à l'indication de l'origine de la racine:

a) l'absence de tout sigle signifie qu'il s'agit d'une racine originellement peule et verbale

b) les sigles en lettres minuscules signalent l'origine non verbale de la racine:

. **a.** pour les racines adjectivales

. **n.** pour les formations verbales d'origine nominale

. les abréviations **adv.**, **excl.**, **idéo.**, **int.**, **ono.** pour les rares verbes formés à partir d'adverbes, d'exclamations, d'idéophones, d'interjections ou d'onomatopées.

c) Les sigles en lettres majuscules signalent les différentes langues étrangères auxquelles les racines concernées ont été empruntées.

IV. Quatrième colonne: traits morphologiques

A. Permutation de la consonne initiale

1. Absence de permutation

Racines commençant par ɓ, mb, c, ɗ, nd, ng, nj, k, l, m, n, ŋ, ny, p, t et ƴ: suppression de cette colonne.

2. Permutation invariable

Permutation identique dans tous les dialectes pour b, d, f, g, h, j, r, s: celle-ci est signalée une fois pour toutes en début de chapitre et la demi-colonne des permutations est là aussi supprimée.

3. Permutation variable

La permutation de la consonne initiale n'est signalée que lorsqu'elle n'est pas régulière (pour ', w et y), soit qu'elle diffère selon les dialectes, soit que, à l'intérieur d'un même dialecte, elle change selon les voyelles en contact:

	I	II	IV		V
ex.:	**woh-**	N	b-	-a	aboyer
		A	g-	-a	*id.*
		Ad	b-	-a	*id.*
	aaf-t-	P	g-	-o	extraire, déterrer, déraciner
		N		-o	*id.*

B. Voix

Les verbes ne se prêtant pas tous indifféremment à un emploi aux trois voix, certains ne sont employés qu'à une ou deux de celles-ci; il est donc indispensable d'indiquer la voix «primaire» de chaque verbe, qui est signalée dans cette colonne par la voyelle caractéristique de la marque du verbe à l'inaccompli affirmatif:

-a pour la voix active
-o pour la voix moyenne
-e pour la voix passive

	I	II	IV	V
ex.:	**huun-** I /hu'n-	P	-a	meugler, beugler, mugir
		M N A	-a	*id.*
	huun- II	P	-o	se targuer de, se vanter de
	haaŋ-	M	-e	être fou, avoir perdu la raison

V. Cinquième colonne: sens

Les sens sont donnés en français et en anglais (en caractères italiques pour cette langue).

	I	II	IV	V
ex.:	**hart-**	P	-a	chasser par des cris les oiseaux (pour protéger les récoltes)/ *chase birds from the fields by shouting.*
	hams-	P M N A	-o	boire du lait à même le pis (pratique enfantine des jeunes bergers) /*drink directly from the teats of a cow or a sheep (of herd-boy).*

L'abréviation *id.* recouvre plusieurs cas: elle peut renvoyer a) exclusivement au sens premier donné pour le dialecte de l'entrée, b) à un sens autre que le premier, c) à un sens donné pour un autre dialecte:

a) *id.* seul: renvoie exclusivement au sens premier donné pour le dialecte de l'entrée:

	I	II	IV	V
ex.:	**hir-** I	P	-a	être jaloux; défendre jalousement /*be jealous; guard jealously.*
		M	-a	*id.*; envier, jalouser; rivaliser avec, concurrencer (qqn), être l'émule de /*envy, be jealous of, rival (s.o.), emulate.*
		N	-a	en vouloir à, avoir du ressentiment contre (qqn) / *bear ill-will against, bear a grudge against (s.o.).*
		A	-o	*id.*

b) *id.* suivi du n° du sens autre que le sens premier:

	I	II	IV	V
ex.:	**happ-** IV	M	-o	1) happer / *snap up, snatch.* 2) serrer entre ses bras / *hug (s.o.).*
		N	-a	*id.* 2); saisir, empoigner /*grip.*

c) *id.* suivi du sigle du dialecte autre que celui de l'entrée:

	I	II	IV	V
ex.:	**haad-**	M	-o	être agressif sans raison; attaquer sans motif / *be aggressive; assault.* *spéc.* a) razzier le bien d'autrui / *raid, loot.* b) abattre un animal bien portant / *slaughter a healthy animal.*
		N	-a	accuser faussement / *accuse wrongly.*
		A	-a	*id.* N; charger (qqn), incriminer / *criminate.*

d) *id.* est aussi utilisé chaque fois que le passage à un dialecte introduit dans l'une ou l'autre colonne des modifications par rapport aux traits donnés pour le dialecte de l'entrée (variante, changement de voix, etc.).

	I	II	IV	V
ex.:	haaw-n-	P	-a	être étonnant, surprenant, merveilleux, extraordinaire / *be astonishing, surprising, marvellous.*
		M	-o	*id.*

Exploitation

Cette présentation des données fait apparaître certains traits qui peuvent susciter des pistes de recherche dont elle facilitera en outre l'exploration; nous en signalerons ici quelques-uns à titre d'exemples.

Applications didactiques

Dans une perspective didactique et d'un point de vue pratique, cette présentation permet:

• un repérage aisé des racines communes à l'ensemble des dialectes; ce qui peut être utile pour l'élaboration de manuels et de livres de lecture en facilitant le choix des formes à retenir pour les exemples.

Ex.:

«sortir de, être issu/originaire de»:

P	M	N	A
iw-	**iw-**	**iw-**	**iw-**
	yuw-	yiw-	yiw-
		ɗiw-	

«soulever»:

P	M	N	A
			eɓt-
			eft-
yeɓ-t-	**yeɓ-t-**	**yeɓ-t-**	**yeɓ-t-**
yeft-			yeft-
	yept-	yept-	
	yett-	yett-	yett-

«être gluant»:

P	M	N	A
	ɓoh-iɗ-		
ɓoh-n-w-	ɓoh-n-w-		
ɓoh-t-			
	ɓoon-w-iɗ-		
ɓor-w-	**ɓor-w-**	**ɓor-w-**	**ɓor-w-**
	ɓor-w-iɗ-		
ɓot-w-		ɓot-w-	

Linguistique

A. Phonétique

Pour les linguistes, dans le domaine de la phonologie ou de l'étude des transformations phonétiques elle facilite le repérage des correspondances et de tous les types de variantes intra- et interdialectales.

Exemples de quelques variations concernant:

1. occlusive glottale / occlusives glottalisées

a) dialectes orientaux:

«se hausser sur la pointe des pieds»

N A

yeeɓ- ebb-

yeeng- eng-/yeeng-

N.B. Dans ce seul exemple, on relève:

- variation de la longueur de la voyelle: **e / ee**
- variations consonantiques:
  . en position initiale: ' / y
  . en position intervocalique: **ɓ / bb**

Cette variation consonantique ' / y est courante dans les dialectes orientaux où on la rencontre dans les deux positions, initiale et intervocalique: ex.

«appuyer, exercer une pression sur»

N A

yiy- i'- / iy- /yiy-

b) les dialectes occidentaux peuvent présenter d'autres variations:

ex: dialecte du Maasina:

- **' /g:**

«se bourrer la bouche, se forcer à ingurgiter»

iyy-/giyy-/geyy-

«mâchurer»

ay- /gay- cf. A: ayy-

- **' /ɓ**:

«bosseler»

oɓ- /ɓoɓ- cf. P: boɓɓ-

- **' /w:**

«faire paître, garder un troupeau»

ayn- /wayn-

2. voyelles:

On relève un certain nombre de variations vocaliques de la racine à l'intérieur d'un même dialecte, dont il serait intéressant de rechercher les raisons en analysant l'environnement phonétique de ces voyelles:

O/A

ory-/ary-	M	concasser
ŋool-/ŋaal-	M	mordre dans
ŋoos-/ŋaas-	M	égratigner
ŋoɗ-/ŋaɗ-	M	se roidir
sod-/sad-	M	trancher net
sork-/sark-	N	introduire brutalement

O/E

ŋorm-/ŋerm-	M	gronder, grommeler
ŋoms-/ŋems-	M	gratter du bout des doigts
ŋoɓ-/ŋeɓ-	M	croquer, grignoter
soppin-/ seppin-	P	s'accroupir
soɲ-/seɲ-	N	tinter
ƴoog-/ƴeeg-	Ad	puiser
ƴoog-	P M N	

O/I

soddit-/ siddit-	P	détaler

O/U

ork-/urk-	M	être enroué
sol-ɗ-/sul-ɗ-	M	être tacheté, tavelé
sott-/sutt-	P	monder du grain

U/A

uywin-/ aywin-	M	faire flairer à (un chien une piste)
buɓɓ-/baɓɓ-	P	tomber brusquement assis
boɓɓ-	M	
sugg-/sagg-	P	coincer, immobiliser

U/E

guɓɓ-/geɓɓ- /wuɓɓ-	M	assener un coup de poing verticalement
hujj-/hejj-	A	partir tôt le ma tin
nul-/nel-	M	envoyer

U/I

duppit-/ dippit-	A	arracher d'un coup sec
surɓ-/sirb-	M	siroter
surw-/sirw-	N	frissonner, avoir la chair de poule (horreur, répulsion)
suɲ-/siɲ-	M	faire gicler

U/O

sunc-/sonc-	M	produire abondamment
nuyk-/noyk-	M	réduire en poudre

B. Sémantique

La comparaison interdialectale fait apparaître certaines correspondances entre structure phonétique et sémantisme:

a) Voyelle:

Ex.: son /**u**/ et racines évoquant un son sourd

Un certain nombre de racines comportant la voyelle /**u**/ ont une origine manifestement onomatopéique:

A usn-: émettre des chuintements («ouch'ouch!») pour chasser des oiseaux

N urw-: pousser un bêlement de rut

M uun-: pousser des «ou'ou!» tout en nageant devant son troupeau pour l'encourager durant la traversée d'un cours d'eau

M uuyn-: pousser des «ouille ouille!» pour signaler sa présence afin de faire fuir des oiseaux, héler un piroguier etc.

M unƴ-/uƴƴ-: émettre un petit bruit de gorge en signe de mépris.

Pour d'autres racines, on constate que si les consonnes peuvent varier d'un dialecte à l'autre, la voyelle reste stable:

«gronder, rugir»:

P	M	N	A
ubb-	ugg-	utt-	ubb-
uɓɓ-			

«gémir, geindre, vagir»

P	M	N	A
ŋuus-	ŋusl-		
	ŋuyl--		
uum-	uum-	uum-	uum-
	ums-		

«grommeler, grogner, gronder»

P	M	N	A
ŋun-(t-)	ŋurr-		
	ŋuur-		ŋuur

«mugir, meugler, beugler»

P	M	N	A
huun-	huun-		
		uung-	
		utt-	
			ubb-

(hyène) «hurler, ricaner»

P	M	N	A
ŋuuny	ŋuuy-	ŋusl-	ŋusl-

b) Structures consonantiques apparemment liées à des champs sémantiques:

Ex.:

• **s — r + ɓ/k/y** (bruit de liquide)

«siroter»

P	M	N	A
siiɓ-	siiɓ-	siiɓ-	siiɓ-
	sirɓ-		
	surɓ-		

«aspirer de l'eau par les narines» (ablutions)

P	M	N	A
sorɓ-in-			sork-in-

«faire gicler»

M
siry-
sury-

• **s — consonne nasale + l/glottalisée** (bruit métallique)

«tinter, émettre un bruit de grelot»

P	M	N	A	
selŋ-	selŋ-			(avec métathèse)
seŋl-				
	seny	seny-		
		sony	sony-	
			sonny-	
		somɓ-		

• **ŋo + ɓ/l/ny** (action des dents)

«grignoter, ronger, rogner»

P	M	N	A
	ŋoɓ-		
	ŋeɓ-		
ŋool-	ŋool-	ŋool-	ŋool-
	ŋol-	ŋol-	
	ŋony-		ŋony-

• **ŋo/a/e + (nasales) s** (action des ongles/griffes)

«gratter du bout des doigts; érafler, égratigner»

P	M	N	A
	ŋems-		ngens-
	nyems-		
			ŋeenc-
	ŋoms-		
ŋaac-			
	ŋaas-		ŋaas-
			ngaas-
	ŋoos-		ngoos-

• **b/d/l/w i/u ppit-** (mouvement brusque)
«arracher d'un geste brusque et rapide»

P	M	N	A
bippit-	bippit-		
	dippit-		dippit-
			duppit-
	lippit-		
	wippit-		

Enfin, au vu des quelques points évoqués ci-dessus et en dépassant les frontières de la simple lexicographie, on présume que le corpus représenté par ce dictionnaire peut aussi fournir matière à d'autres explorations dans une perspective de recherche linguistique plus générale. En effet, outre la possibilité de reconstruire — par la comparaison et l'analyse des variantes dialectales — d'éventuelles proto-racines, ce stock d'éléments homogènes pourrait être exploité par les phonologues; l'analyse de la combinatoire des éléments constitutifs de la racine verbale peut aussi ouvrir des pistes de recherche sur le caractère aléatoire ou motivé des associations de phonèmes — dont les unes s'avèrent particulièrement productives par opposition à d'autres qui ne sont pas, ou très peu, retenues par la langue — et, en raffinant encore davantage, des phonèmes eux-mêmes. Associée au repérage de correspondances entre structures phonématiques et notions, une telle étude fournirait peut-être des éléments d'information permettant de formuler certaines hypothèses dans un domaine qui, pour la langue peule, n'a pas encore été prospecté[2].

Bibliographie

Principaux dictionnaires:

BONIFACI A., 1949, *Dictionnaire de langue peule*, t. 1: *français-peul*, Yaoundé, Imprimerie du Gouvernement, 444 p.

C.R.D.T.O., 1971 *Dictionnaire élémentaire fulfulde-français-english elementary dictionary* (par ARNOTT D.W., LACROIX P.F., MOHAMMADOU E. & SOW A.I.), Niamey, Centre de documentation pour la tradition orale, 166 p.

CREMER J., 1923, *Matériaux d'ethnographie et de linguistique soudanaises,* t.1: *Dictionnaire français-peul* (dialectes de la Haute-Volta), Paris, Librairie Orientaliste, P. Geuthner, XXIX + 109 p.

DAUZATS A., 1959, *Petit lexique français-peul et peul-français,* Yaoundé, Imprimerie du Gouvernement, 120 p. (2e éd., Albi, Imprimerie albigeoise, 1952: 144 p).

GADEN H., 1914, *Le Poular. Dialecte peul du Fouta sénégalais*, tome second: *Lexique poular-français*, Paris, E. Leroux, VII + 263 p.

2. Signalons toutefois un article récent de Laurent Danon-Boileau et Aliou Mohamadou, «Le système des classes nominales en peul», in C. Rivière et M.L. Groussiers (eds), *La notion,* HLD, OPHRYS, 1997, 258-269.

GAMBLE D.P. & BALDEH M.O., 1981, « Gambian Fula-English dictionary (Firdu dialect) », *Gambian Studies*, 12, San Francisco, V + 142 p.

KAH Fari Siilat, DEM Abuu Bakri, JALLO Yero Dooro & CRDI, 1993, *Saggitorde Fannuyankoore (pulaar-pulaar-français)*, Dakar, ARED, 270 p.

KLINGENHEBEN A., 1963, *Die Sprache der Ful* (Dialekt von Adamaua), Hamburg, J.J. Augustin, pp. 343-461.

LABOURET H., 1952, *La langue des Peuls ou Foulbé,* Dakar, IFAN, Mémoires de l'Institut français d'Afrique noire, 16, cf. lexique: pp. 247-286.

NOYE D., 1989, *Dictionnaire foulfouldé-français* (dialecte peul du Diamaré, Nord-Cameroun), Paris, Librairie Orientaliste, P. Geuthner, 425 p.

REICHARDT C.A.L., 1878, *Vocabulary of the Fulde Language*, London, Church Missionary Society, 357 p.

TAYLOR F. W., 1932, *A Fulani-English dictionary*, Oxford, at the Clarendon Press, 241 p.

de WOLF P. P., 1994, *A Fulani-English Dictionary. A Multidialectal Approach* (Fulfulde, Pulaar, Fulani), 3 vol., Berlin, Reiner.

ZOUBKO G.V., GNALIBOULY B. & DIENG M., 1980, *Kamuusu pular (fulfulde)-rusinkoore-faransinkoore, Dictionnaire peul (fula)-russe-français*, Mosku «Riisinkoore», Moscou, «Langue russe», 600p. (rééd. ZOUBKO G., 1996, *Dictionnaire peul-français*, Osaka, National Museum of Ethnology, Senri Ethnological Reports 4, 552 p).

Il convient d'ajouter un dictionnaire inédit (microfilmé) mais très important:

ST-CROIX F.W. de, *Fulfulde Dictionary* (London, School of Oriental and African Studies Library et Kano, Centre for the Study of Nigerian Languages, Bayero University).

février 1998

Christiane SEYDOU
CNRS- LLACAN-UMR 7594

TABLE DES MATIÈRES

PRINTED ON PERMANENT PAPER • IMPRIME SUR PAPIER PERMANENT • GEDRUKT OP DUURZAAM PAPIER - ISO 9706

ORIENTALISTE, KLEIN DALENSTRAAT 42, B-3020 HERENT